Mario Schäfer

Hacer lo que importa: El poder de la productividad con propósito

"*Hacer lo que importa: El poder de la productividad con propósito* de Mario Schäfer es una clase magistral en eficiencia y enfoque, cualidades que he visto en él desde nuestros primeros días en trifermed. Este libro no es solo una guía, es un testimonio del propio camino de Mario hacia la productividad con propósito."

Prof. Dr. Sergi X. Trilla, MBA, Fundador y Presidente de trifermed

"Este libro ofrece a los profesionales una valiosa orientación para alcanzar el éxito en su trabajo mediante el conocimiento empresarial y estilos de trabajo productivos."

Volker Weber, CEO de NIXDORF Kapital AG

"El trabajo de Mario facilita una gestión eficiente de proyectos y su enfoque. Él encarna un espíritu de apoyo y ejecución, persiguiendo sus sueños con dedicación mientras comparte generosamente su conocimiento."

Kuntal Chatterjee, Socio Director en Pharmacircuit

Mario Schäfer

Hacer lo que importa

El poder de la productividad con propósito

Traducción al español del bestseller *Doing What Matters: The Power of Purposeful Productivity*

Editorial: BoD · Books on Demand GmbH, In de Tarpen 42, 22848 Norderstedt (Alemania)
Impresión: Libri Plureos GmbH, Friedensallee 273, 22763 Hamburg (Alemania)

ISBN: 978-84-1174-718-9

Índice

1. Hacer lo que importa

El éxito no se mide por lo ocupados que estemos, sino por la profundidad y el propósito de nuestras acciones.

Esta lección la aprendí de manera difícil. Estamos en un viaje imparable, esforzándonos constantemente por cumplir con las exigencias de este mundo acelerado. Desde el momento en que nos despertamos hasta que nos acostamos, estamos consumidos por un flujo interminable de tareas y responsabilidades. Nos enorgullecemos de estar ocupados, como si nuestro valor se midiera por la cantidad de trabajo que logramos. Pero, ¿y si esta constante ocupación nos estuviera haciendo más daño que bien?

Estar continuamente ocupados con un alto volumen de trabajo puede tener serias consecuencias negativas para nosotros. Las demandas físicas y mentales pueden llevar rápidamente al agotamiento, dejándonos exhaustos y sin energía. Al pasar de una tarea a otra, nuestra concentración se fragmenta y la calidad de nuestro trabajo se ve afectada. Nos encontramos atrapados en un ciclo interminable de eliminar tareas de nuestra lista, pero la satisfacción que buscamos sigue siendo esquiva.

En nuestra búsqueda de productividad, a menudo pasamos por alto un elemento crucial: el tiempo para el pensamiento creativo y la innovación. Nuestra mente está diseñada para explorar, cuestionar y crear. Sin embargo, la constante presión por hacer cosas nos deja poco espacio para estos aspectos vitales de nuestro trabajo. Nos quedamos atrapados en un ciclo de repetición, incapaces de liberarnos y descubrir ideas nuevas y únicas que realmente puedan marcar la diferencia.

Pero no solo nuestro trabajo se ve afectado. El impacto en nuestro equilibrio entre la vida personal y laboral puede ser significativo, ya que la interminable carga de trabajo consume todo nuestro tiempo y energía. Nos encontramos descuidando lo que realmente importa: nuestras relaciones, nuestra salud y nuestro bienestar. Olvidamos que nuestro activo más importante es nuestra propia salud física y mental, y pagamos el precio por este descuido.

El estrés crónico se convierte en un compañero indeseado, y sus efectos afectan cada aspecto de nuestras vidas. Nuestro cuerpo soporta el peso de nuestra imparable búsqueda, manifestándose en problemas de salud que silenciosamente erosionan nuestra vitalidad. Nos convertimos en una sombra de nosotros mismos, luchando por encontrar sentido y propósito en medio del caos. La constante sensación de estar abrumados y sobrecargados va deteriorando nuestra motivación y satisfacción, dejándonos con el anhelo de algo más.

Debemos detenernos y preguntarnos: ¿Es esta la vida que realmente deseamos? ¿Es esta la definición de éxito que queremos abrazar? El éxito no se trata de completar muchas tareas; se trata de hacer las cosas importantes excepcionalmente bien. Se trata de generar un impacto duradero, no simplemente de tachar elementos de una lista interminable. La cantidad de nuestro trabajo no importa tanto como la calidad del mismo.

Es hora de liberarnos de la obsesión por la productividad que impregna nuestra cultura. Debemos emprender un camino hacia la productividad con propósito; un enfoque que se centra no en hacer más, sino en hacer lo que realmente importa. En este libro, exploraremos el poder del propósito y cómo puede transformar nuestra forma de trabajar y vivir.

Juntos, descubriremos estrategias para priorizar nuestras tareas, recuperar el foco y liberar nuestro potencial creativo. Aprenderemos a armonizar nuestra vida laboral y personal, cuidando nuestras relaciones y preservando nuestro bienestar. Descubriremos que el éxito no se encuentra en la búsqueda interminable de estar ocupados, sino en la búsqueda intencionada de un trabajo significativo.

Por lo tanto, iniciemos juntos este viaje transformador. Desprendámonos de las cadenas de la productividad por el simple hecho de ser productivos y abracemos un nuevo paradigma; uno que celebre el valor que creamos, en lugar de la cantidad de trabajo realizado. Es hora de recuperar nuestras vidas, de hacer lo que realmente importa y de aprovechar el poder de la productividad con propósito.

2. Organizar y tomar el control

"La clave no es priorizar lo que está en tu agenda, sino agendar tus prioridades." - Stephen Covey

¿Qué opinas de tu productividad en tu trabajo diario? ¿Alguna vez te has sentido abrumado y sobrecargado de trabajo? Yo también lo he sentido. Por eso me vi impulsado a escribir este libro. Al principio, creía que mi conocimiento y talento eran suficientes para desempeñar bien mi trabajo. Sin embargo, la realidad fue diferente: me faltaban las habilidades necesarias para gestionarlo todo de manera efectiva. Este hecho me llevó a descubrir el poder de la productividad con propósito. Al compartir mis experiencias, espero ayudarte a recuperar el control sobre tu jornada laboral y transformar tu vida, tal como yo lo hice con la mía.

El reto del trabajo moderno: En el mundo acelerado de hoy, el trabajo parece volverse cada vez más difícil. Hay más tareas, urgencias constantes y un flujo interminable de mensajes que demandan nuestra atención. Nos encontramos siempre con prisa, con menos tiempo para lo que realmente importa. Aprender una forma de trabajar sostenible e inteligente se convierte en un reto crucial: una que nos permita dedicar tiempo tanto a nuestros proyectos como a nosotros mismos. En este capítulo, nos centraremos en desarrollar hábitos personales y métodos que te ayuden a tomar el control de tu trabajo, reducir el estrés y priorizar de manera efectiva para alcanzar tus objetivos.

Desarrollar un sistema: Comenzamos abordando nuestro trabajo diario y creando un sistema fiable para gestionar nuestro calendario y nuestras tareas. Al implementar una estructura sólida, podemos hacer un seguimiento de nuestros compromisos, evitar olvidar detalles importantes y concentrarnos en lo que realmente agrega valor a nuestro trabajo. Tomar el control de nuestra actividad nos permite mantenernos alineados con nuestros objetivos y trabajar de manera más eficiente.

Ganar tiempo adicional: El tiempo es un recurso valioso, y encontrar maneras de maximizarlo es esencial. Exploraremos estrategias para crear tiempo adicional para lo que realmente importa. Al identificar actividades que nos hacen perder tiempo, optimizar procesos y tomar decisiones conscientes, podemos liberar momentos valiosos para proyectos importantes, crecimiento personal y revitalización.

Mejorar el enfoque y la atención: En una era de constantes distracciones y multitareas, mejorar nuestra capacidad de concentración se vuelve fundamental. Profundizaremos en métodos para mejorar la atención y la concentración, eliminar distracciones y evitar las trampas de la multitarea. Al entrenar nuestra mente para mantenerse completamente enfocada en la tarea presente, podemos lograr más con menos esfuerzo.

Gestión efectiva de urgencias: Las urgencias son una parte inevitable de la vida laboral, pero la forma en que las manejamos puede marcar una gran diferencia. Exploraremos estrategias para gestionar eficazmente situaciones imprevistas, minimizar su impacto en nuestra productividad y mantener una sensación de control incluso en circunstancias desafiantes. Al prepararnos para las urgencias y desarrollar un enfoque proactivo, podemos mitigar sus efectos disruptivos.

Dominar reuniones y mensajes: Las reuniones y los mensajes suelen consumir una parte significativa de nuestro tiempo, dejando poco espacio para el trabajo enfocado. En este capítulo, exploraremos técnicas para hacer que las reuniones sean más productivas, reducir su frecuencia cuando sea posible, y optimizar la comunicación mediante una gestión eficaz de los mensajes. Al simplificar estos aspectos, podemos recuperar tiempo valioso y crear un entorno de trabajo más eficiente.

El objetivo final de este libro es ayudarte a desarrollar hábitos saludables que te permitan mostrar la mejor versión de ti mismo. Las limitaciones de tiempo, la sensación de estar abrumado y la presión por tener éxito en tus proyectos pueden obstaculizar tu potencial. Juntos, trabajaremos paso a paso para superar estos retos, recuperar el control de tu trabajo y allanar el camino hacia tu éxito. Organizar tu actividad y tomar el control de tu trabajo son pasos vitales para lograr mejores resultados y encontrar satisfacción en tus proyectos. Emprendamos este viaje hacia la productividad con propósito y transformemos la forma en que trabajamos, un hábito a la vez.

¿Cómo organizarse?

Comenzamos este viaje centrando nuestra atención en la gestión de dos áreas fundamentales de todas nuestras actividades:
- Tareas: Empezamos dominando las tareas que requieren nuestra atención.
- Calendario: Reconocemos la importancia de gestionar nuestro tiempo de manera eficaz a través de un calendario bien estructurado.

A medida que avanzamos, cultivamos hábitos productivos que sirven como los pilares para alcanzar el nivel de productividad deseado:

- Planificación: Todos los días y todas las semanas, dedicamos tiempo a planificar y preparar nuestro trabajo de manera minuciosa.
- Iniciar el día: Aprovechamos el poder de una mentalidad productiva para generar resultados tangibles.

2.1 Tareas clave: Enfocándonos en lo que importa

A menudo nos referiremos a las tareas clave, que abarcan las actividades esenciales que impulsan nuestro trabajo, creando un valor genuino y resultados impactantes.

En el ámbito de nuestros proyectos, existen ciertos elementos clave que nos conducen hacia el éxito, permitiéndonos alcanzar hitos diarios y producir resultados tangibles que son visibles tanto para nosotros como para los demás.

Para aprovechar verdaderamente el poder de la productividad, debemos adoptar un enfoque inteligente hacia nuestro trabajo, resistiendo la atracción de estilos de trabajo caóticos que nos rodean. Es crucial reconocer que la mera ocupación no equivale a una verdadera productividad (actividad vs. productividad). En su lugar, debemos abrazar la regla 20/80, dirigiendo nuestro enfoque hacia el vital veinte por ciento de las tareas que generan el ochenta por ciento de los resultados deseados.

Cada día, debemos centrar nuestros esfuerzos en los aspectos clave de nuestro trabajo, priorizándolos por encima de todo lo demás. Al hacerlo, sentamos las bases para lograr un progreso significativo y maximizar nuestra efectividad.

La regla 20/80

¿Alguna vez has experimentado esa sensación incesante de tener una lista de tareas en constante crecimiento, ocupado todo el tiempo con actividades y sintiendo que es imposible tomar un respiro a lo largo del día?

En realidad, muchas de estas tareas y actividades no son más que distracciones, que roban nuestro valioso tiempo y nos mantienen atrapados en la ocupación. Nos agotan y, lo que es más importante, desvían nuestra atención de nuestros verdaderos objetivos y prioridades. Al permitir que estas tareas insignificantes dominen nuestro día, hacemos poco progreso hacia nuestras metas.

Aquí es donde entra en juego el poder de la regla 20/80.

¿Alguna vez has examinado más de cerca tus acciones? Es fascinante darse cuenta de que el 20% de lo que hacemos produce el 80% de nuestros resultados. En otras palabras, cada día se nos presentan un puñado de tareas y actividades cruciales que, si se ejecutan de manera efectiva, pueden impulsar un progreso sustancial y ayudarnos a alcanzar hitos importantes.

Por otro lado, un asombroso 80% de nuestros esfuerzos diarios son infructuosos. Estas actividades tienen un balance energético negativo, consumiendo más de nuestro tiempo y energía que el progreso que aportan, especialmente en comparación con el impactante 20%. Hay innumerables cosas que nos mantienen ocupados, pero que no nos impulsan hacia adelante tanto como nos gustaría creer.

En las páginas siguientes, exploraremos cómo se aplica la regla 20/80 a nuestro trabajo diario, permitiéndonos transformar genuinamente nuestro tiempo y energía en resultados tangibles. Espero que, al hacerlo, podamos despedirnos del agotador ciclo de trabajar incansablemente, invirtiendo una enorme pasión y numerosas horas, mientras desperdiciamos nuestra energía en tareas que ofrecen poco en términos de resultados reales.

Cómo enfocarnos en las tareas clave

Para lograr el mayor impacto con nuestro tiempo y energía, que por cierto son limitados, es imperativo que prioricemos nuestras tareas clave. Al centrarnos en estas actividades esenciales, podemos desbloquear todo nuestro potencial y avanzar significativamente hacia nuestras metas.

Identificación de nuestras tareas clave: Debemos reconocer cuáles son las tareas absolutamente necesarias para nuestro éxito. A menudo, descuidamos estas actividades o las completamos de manera apresurada, sin dedicarles la atención que merecen. Estas tareas clave incluyen aspectos críticos como el análisis, la planificación, el desarrollo de estrategias, las auditorías, los estudios de eficiencia e incluso el crecimiento personal a través de la formación.

Asignación de tiempo dedicado a nuestras tareas clave: Es esencial reservar franjas horarias específicas en nuestros calendarios, tanto diario como semanalmente. Este tiempo designado debe coincidir con los períodos en los que estamos en nuestro máximo nivel de concentración y energía. Al proteger estos bloques de tiempo, podemos asegurar un progreso constante en las áreas que realmente importan para nosotros.

Ejercicio: Análisis de nuestras tareas clave

- Toma una hoja de papel y dibuja dos grandes círculos concéntricos.

- Evalúa tu trabajo e identifica las tareas clave esenciales que más contribuyen a tu crecimiento. (¿Cuál es el 20% de las tareas que deberías priorizar diariamente para lograr un progreso significativo?)

- Escribe tus tareas clave dentro del círculo central.

- En el círculo exterior más grande, enumera las tareas menores que normalmente ocupan tu tiempo.

- Evalúa la cantidad de tiempo que dedicas cada día a tus tareas clave. ¿Estás haciendo lo suficiente? ¿Estás logrando los resultados deseados?

¡Únete a nuestra comunidad de gestión del tiempo y productividad en Facebook y LinkedIn! Conéctate con lectores afines, comparte consejos y mejora tu productividad. ¡Escanea el código QR para unirte a la conversación hoy mismo!

Enlace: www.1ib.net/hacer-lo-que-importa/

2.2 Gestión efectiva de tareas

Gestionar nuestras tareas de manera efectiva es esencial para la ejecución exitosa de proyectos. Nos permite saber qué debe hacerse y cuándo, así como identificar qué tareas no son esenciales. Al obtener esta claridad, podemos revisar nuestro trabajo, prepararnos para el día y la semana venideros, y tomar medidas proactivas para mantenernos al día con nuestra carga de trabajo. Este enfoque nos permite mantener el orden, avanzar y cumplir con los plazos, completando así los proyectos a tiempo. Además, una gestión eficaz de tareas alivia el estrés, mejora el enfoque y cultiva un sentido de serenidad.

Comprensión de los diferentes tipos de tareas

Para poder asignar nuestros esfuerzos de manera inteligente, es importante reconocer los distintos tipos de tareas:

Tareas clave: Estas son las tareas más significativas de nuestro día, formando la base de nuestro trabajo. Generalmente limitadas a 2 o 3 tareas, requieren una identificación y priorización cuidadosas. Al invertir nuestros mejores esfuerzos en estas tareas clave, nos predisponemos al éxito. Es crucial elegir el momento óptimo para su ejecución, ya sea al inicio de cada día o en aquellos momentos en los que sabemos que rendimos mejor. Para maximizar nuestra productividad, debemos eliminar distracciones y evitar la multitarea, buscando la máxima concentración e intensidad. Además, prepararnos con antelación asegura un inicio y un final productivos.

Tareas complementarias: Estas tareas son auxiliares a nuestras tareas clave, a menudo acompañándolas. Aunque no tienen un impacto significativo, son necesarias para cumplir con nuestras responsabilidades. Sin embargo, es importante asignarles un tiempo y energía mínimos, ya que su retorno sobre la inversión es limitado.

Tareas repetitivas: Estas son tareas rutinarias y recurrentes que encontramos múltiples veces a lo largo del día o la semana. Si bien debemos completarlas, lo mejor es tenerlas bien controladas y minimizar el tiempo que les dedicamos siempre que sea posible.

Tareas menores: Estas tareas pueden completarse en pocos minutos. En comparación con nuestras tareas clave, su valor es insignificante. Por lo tanto, es crucial identificarlas y gestionarlas de manera efectiva, asegurando que nunca obstaculicen nuestro progreso en las tareas clave.

Para ilustrar este concepto, imagina un hospital. Cuando llega una persona gravemente herida, los médicos priorizan y clasifican las lesiones. Independientemente de la cantidad de lesiones, se enfocan inmediatamente en aquellas que afectan los signos vitales, atendiendo primero las tareas clave. De manera similar, debemos invertir nuestros esfuerzos de forma inteligente en la gestión de tareas para lograr resultados favorables.

Cómo lograr una gestión óptima de tareas

Es esencial seguir una serie de pasos para mejorar nuestra productividad:

Centralizar todas nuestras tareas en un solo lugar: En lugar de dispersar nuestras tareas en varias aplicaciones, notas escritas a mano o depender de nuestra memoria, consolidémoslas en un único lugar o herramienta.

Anotar las tareas a medida que surgen: Siempre que se nos pida hacer algo, recordemos una nueva tarea o encontremos un proyecto en curso, es crucial anotar la tarea de inmediato. Al capturarlas puntualmente, aseguramos que nada se nos escape.

Asignar fechas de vencimiento a las tareas: Sin establecer plazos específicos, a menudo encontramos excusas para procrastinar. Al asignar fechas de vencimiento, podemos organizar nuestro trabajo de manera efectiva, permitiéndonos planificar con antelación y cumplir con los plazos con menos estrés.

Comenzar las descripciones de tareas con verbos: Para identificar y comprender claramente qué necesita hacerse, es útil iniciar cada tarea con un verbo de acción. Por ejemplo, "Presupuestar", "Diseñar", "Revisar", "Escribir", entre otros.

Descomponer tareas grandes en subtareas: Cuando nos enfrentamos a una tarea considerable y compleja, podemos abordarla como un mini-proyecto. Al dividirla en pasos más pequeños y manejables o subtareas, podemos distribuirlas a lo largo del día o la semana, haciendo que el progreso sea más alcanzable.

Identificar microtareas: Podemos agrupar y programar microtareas para momentos de baja productividad o cuando nos sentimos cansados. Así, no desperdiciaremos nuestra energía en ellas y podremos utilizar nuestro tiempo de manera más eficiente.

Ejercicio: Encontrar la mejor herramienta para ti

Cuando se trata de gestión de tareas, las opciones son numerosas. Sin embargo, es esencial no asumir que la herramienta que utilizas actualmente es la más adecuada para ti. Tómate un momento para reflexionar si cuenta con las siguientes características:

Accesibilidad: Debe ser accesible en todo momento, sin importar tu ubicación. Necesitamos una solución que nos permita gestionar nuestras tareas de manera fluida, ya estemos en nuestro escritorio o en movimiento.

Sincronización: Para minimizar el riesgo de conflictos de versiones que consumen tiempo, la herramienta debería ofrecer capacidades de sincronización. Esto asegura que las actualizaciones realizadas en un dispositivo se reflejen automáticamente en todos los demás.

Adición eficiente de tareas: Añadir nuevas tareas debería ser sencillo, con un proceso rápido e intuitivo que elimine pasos innecesarios o complejidades. La herramienta debe facilitar la entrada rápida de tareas, permitiéndonos capturar nuestros pensamientos y pendientes sin obstaculizar nuestra productividad.

Funcionalidad de subtareas: A medida que nuestros proyectos y responsabilidades se vuelven más complejos, contar con la capacidad de desglosar tareas en subtareas se vuelve invaluable. Busca una herramienta que soporte la creación de subtareas, permitiéndonos gestionar y organizar nuestra carga de trabajo de manera efectiva.

Fechas de vencimiento: Asignar fechas de vencimiento a las tareas individuales es clave para mantenernos organizados y cumplir con los plazos. La herramienta de gestión de tareas que elijamos debe proporcionar la funcionalidad para añadir fechas de vencimiento de manera sencilla, asegurando que estemos al tanto de nuestros compromisos.

2.3 Gestión del calendario para la eficiencia

Es una experiencia común, una que he vivido yo mismo, y estoy seguro de que tú también te sentirás identificado. Tu calendario puede convertirse en una pesadilla, con cada vez menos huecos para encajar todas las piezas. Nuestra agenda nos deja con menos espacio para lo que realmente importa. Aprenderemos a gestionar y proteger nuestro calendario de manera efectiva, salvaguardando así nuestro valioso tiempo.

El calendario a menudo nos recuerda el tiempo que nos falta, en lugar del tiempo que realmente tenemos. Gestionar nuestro tiempo va más allá de simplemente apuntar reuniones, llamadas o viajes de negocios conforme van surgiendo, solo para revisar el panorama general un domingo o lunes y evaluar cómo se presenta la semana.

Es mucho más que eso. Si no seguimos pautas claras y un enfoque bien definido, nos encontraremos sumergidos en el agobio y sin el tiempo necesario.

Permíteme aclarar algo: habrá ocasiones en las que nuestro calendario estará fuera de nuestro control, como en reuniones importantes o viajes de negocios ineludibles. Sin embargo, habrá muchas otras semanas en las que tendremos la libertad de elegir y asignar nuestro tiempo con sensatez.

Normas para una buena gestión del calendario

<u>Evita aceptar propuestas al instante:</u> Cuando alguien sugiera una reunión o un almuerzo de negocios, evita confirmar de inmediato.

Tómate un momento para revisar tu calendario y considera si puede haber una opción más adecuada. Simplemente responde con: "Déjame revisar mi agenda y te enviaré un mensaje para confirmar."

Reserva y dedica la primera hora de cada día a tus tareas clave: A menos que sea absolutamente necesario, trata de evitar programar reuniones, e incluso llamadas, durante esta primera hora. En su lugar, reprograma estas actividades para más tarde en la mañana. Así, comenzarás el día enfocándote en donde realmente importa tu productividad.

Documenta citas y tareas específicas en tu calendario: Asegúrate de que las citas estén asignadas a días y horas concretas, al igual que las tareas que deben completarse para un día determinado.

Reserva días sin eventos o citas: Aparta un día completo sin eventos o reuniones programadas. Prioriza este día y protégelo celosamente. Esto te permitirá concentrarte en tareas de alto nivel. Si no es posible bloquear un día entero, empieza con al menos cuatro horas ininterrumpidas. Idealmente, haz de esto una práctica semanal.

Evalúa la necesidad de reuniones y eventos recurrentes: ¿Son realmente imprescindibles? Ten cuidado con caer en la trampa de los compromisos recurrentes. Revisa tu calendario actual para identificar reuniones o citas repetitivas. ¿Se pueden sustituir por una breve llamada, una videoconferencia o una nota escrita? Alternativamente, ¿es posible eliminar algunos de estos compromisos por completo?

Ejercicio: Reflexión sobre el calendario

Abre tu calendario y examina cuidadosamente las citas y eventos programados. Tómate un momento para reflexionar no solo sobre lo que está agendado, sino también sobre las actividades que sabes que realizarás pero que aún no has incluido. Es importante abordar este ejercicio con total honestidad y transparencia. Hazte las siguientes tres preguntas:

- ¿Estoy dedicando mi tiempo a cualquier actividad que se presenta, sin una clara priorización?

- ¿Soy yo quien controla mi calendario, tomando decisiones deliberadas sobre cómo distribuir mi tiempo? ¿O estoy permitiendo que otros dicten mi agenda?

- ¿Hago un seguimiento intencionado y gestiono mi calendario, asegurándome de que cada entrada tenga un propósito y esté alineada con mis objetivos? ¿O tiendo a llenarlo sin ningún criterio claro?

Tómate tu tiempo para reflexionar sobre estas preguntas y considera las implicaciones de tus respuestas. Las ideas que obtengas de este ejercicio te ayudarán a comprender cuán eficazmente estás gestionando tu tiempo y si es necesario realizar ajustes para mejorar tu productividad.

2.4 Preparación semanal: La clave para la eficiencia

La preparación semanal es un ejercicio importante para preparar y prever nuestro trabajo. Al dedicar tiempo a esta práctica cada viernes, nos equipamos con las herramientas necesarias para afrontar la semana siguiente con confianza y garantizar que nuestros objetivos se traduzcan en resultados tangibles.

Este enfoque proactivo nos ayuda a evitar la sensación abrumadora de estar atrapados en una vorágine de tareas, donde innumerables asuntos exigen nuestra atención simultáneamente. Intentar abarcar todo y dar lo mejor de nosotros puede ser extremadamente estresante, especialmente cuando sentimos que estamos perdiendo el control de la situación.

En ocasiones, parece que cuanto más tiempo dedicamos a nuestro trabajo, menos obtenemos los resultados deseados. En esos momentos, es fundamental replantearse nuestros hábitos y dar mayor importancia a la planificación y la preparación.

Incluso con el plan más completo, surgirán imprevistos y urgencias. Por eso, es importante reemplazar el término "planificar" por "preparar," reconociendo que, a pesar de nuestros mejores esfuerzos, siempre habrá circunstancias imprevistas que requerirán nuestra atención.

Preparando la semana:

- ¿Cómo vamos a afrontar la semana que tenemos por delante?
- ¿Qué estrategias y objetivos estableceremos?
- ¿Cómo podemos invertir nuestros esfuerzos para avanzar realmente en lo que de verdad importa?
- ¿Somos plenamente conscientes de los aspectos clave que nos esperan en los próximos días?
- ¿Qué es lo que no vamos a hacer?
- Y, lo más importante, ¿por dónde comenzamos?

Si no puedes responder a estas preguntas, es probable que acabes teniendo una de esas semanas tan familiares: sin control y abrumado por el estrés.

Fijar el objetivo de simplemente "trabajar duro" no es suficiente. Las tareas complejas y los desafíos crecientes no se resuelven efectivamente solo con dedicar más tiempo.

Este planteamiento puede parecer controvertido. Pensemos en nuestro último viaje de vacaciones como ejemplo. Sin duda, dedicamos tiempo a prepararlo, buscando sugerencias y recomendaciones sobre los mejores lugares para visitar. Hacemos esto no solo para grandes viajes, sino incluso para excursiones de un día o fines de semana. Entonces, ¿por qué cuando se trata de nuestros proyectos profesionales, donde invertimos tanta energía y tiempo, a menudo nos lanzamos a la semana laboral sin haber profundizado en los detalles?

Cómo realizar la planificación semanal

Es viernes, un día lleno de posibilidades y oportunidades. Al estar a las puertas del fin de semana, tomémonos un momento para reflexionar y planificar los días venideros. Aprovechar al máximo nuestro tiempo y maximizar nuestro potencial.

En primer lugar, revisemos nuestros calendarios para la próxima semana. ¿Cómo está distribuida la carga de trabajo? ¿Hay algún desequilibrio o conflicto que debamos resolver? Al obtener una visión clara de nuestros compromisos, podremos prepararnos mejor para lo que viene.

A continuación, es momento de profundizar en los detalles del lunes. Elaboremos las tareas que nos esperan, enfocándonos especialmente en aquellas con fechas límite fijas. Al priorizar y organizar nuestra carga de trabajo de antemano, podemos comenzar la semana con buen pie, asegurando un comienzo fluido y productivo.

Mirando el panorama general, identifiquemos los objetivos que queremos alcanzar durante la semana. ¿Qué hitos queremos lograr? Al definir claramente nuestras metas, podemos alinear nuestros esfuerzos y trabajar hacia resultados significativos.

Para optimizar nuestro tiempo y energía, también definamos nuestras tareas clave de la semana. Estas son las actividades esenciales que requieren enfoque y atención dedicados. Al asignar franjas horarias específicas para estas actividades, nos protegemos de distracciones y aseguramos el progreso en las áreas más importantes.

Junto a nuestras tareas individuales, tomemos un momento para revisar el estado de nuestros proyectos en curso. ¿Hay algún retraso o puntos de bloqueo que requieran nuestra atención? Al abordar estos obstáculos de manera proactiva, podemos mitigar riesgos y mantener nuestros proyectos en buen rumbo.

Por último, revisemos nuestros hábitos. Reflexionando sobre las rutinas y prácticas que moldean nuestros días, podemos identificar oportunidades de mejora. ¿Hay algún hábito que esté obstaculizando nuestra productividad? Al reemplazarlos conscientemente por alternativas más efectivas, podemos cultivar un entorno positivo y potenciador para nosotros mismos.

¿Qué implica todo esto?

Revisar nuestros calendarios: Exploremos las citas y eventos de los próximos días. Esto incluye reuniones, llamadas, visitas, comidas de trabajo, presentaciones e incluso posibles viajes de negocios. Lo más importante es identificar los días que están menos saturados de compromisos. Esto nos permitirá distribuir mejor nuestra carga de trabajo.

Preparar la lista de tareas para el lunes: Al centrarnos en la productividad, enfoquémonos principalmente en el primer día de la semana. Nos brinda la mayor oportunidad de controlar el comienzo de la misma. Debemos prestar especial atención a las tareas con plazos inminentes. Además, consideremos aquellas tareas que debemos iniciar debido a sus fechas de entrega próximas en los días o semanas venideros.

Identificar nuestros objetivos para la semana próxima: Para impulsarnos hacia adelante y lograr un progreso significativo, debemos definir claramente nuestros objetivos para la semana entrante. Estos objetivos no solo abarcan las tareas que debemos completar sí o sí, sino también aquellas que genuinamente deseamos realizar. Son los objetivos que nos motivarán y ayudarán a avanzar.

Ser claros sobre lo que no vamos a hacer: Entender lo que queremos lograr es tan decisivo como reconocer lo que debemos evitar. Al identificar los compromisos, rutinas, hábitos y actividades que debemos eludir, podremos proteger nuestro enfoque. En medio del frenético ritmo del trabajo, es fácil perder de vista nuestras prioridades, especialmente cuando no nos hemos preparado adecuadamente.

Identificar tareas relacionadas con nuestras tareas clave: Aprovechando la experiencia de la semana anterior, emprendamos la tarea de identificar nuestras tareas clave. El objetivo es asignar tiempo dedicado a estas tareas, permitiéndonos ejecutarlas de manera extraordinaria, acorde a su importancia.

Revisar proyectos estancados: Es esencial que reflexionemos sobre cualquier proyecto que pueda estar retrasado o descuidado. ¿Estamos cayendo inadvertidamente en la procrastinación? Al identificar estos proyectos, podremos definir las próximas acciones necesarias para desbloquearlos y revitalizarlos.

Identificar y abordar hábitos y rutinas improductivas: Debemos evaluar críticamente nuestros hábitos y rutinas para determinar su efectividad. Consideremos qué haremos y, lo más importante, cómo lo haremos. Comenzando con varios días de antelación, preparémonos mentalmente para evitar malos hábitos, rutinas improductivas y distracciones importantes a toda costa.

Ejercicio: Elaboración de nuestro guion

Vamos a crear nuestro propio guion para la preparación semanal. Juntos, identificaremos las tareas y los detalles fundamentales que queremos repasar, permitiéndonos comenzar la semana completamente preparados y listos para afrontar nuestros compromisos.

- Empieza reuniendo notas adhesivas y escribiendo en cada una de ellas ideas individuales. No te preocupes por analizarlas demasiado; simplemente deja que fluyan tus pensamientos y anótalos en las notas. Una vez escritas, pégalos en la pared.

- A continuación, seleccionaremos cuidadosamente las mejores ideas; aquellas que realmente sean significativas para nosotros.

A partir de esta sesión de reflexión personal, elaboraremos un guion que podamos seguir fielmente cada semana, lo que nos permitirá anticiparnos a lo que viene y mantenernos siempre un paso por delante en nuestro trabajo.

2.5 Preparación diaria para la productividad

¿Qué debemos priorizar al evaluar a un profesional para una posible contratación? ¿Qué detalles merecen nuestra atención?

Basándonos en nuestros conocimientos actuales, hay un factor crucial a considerar: las habilidades organizativas de la persona. Debemos animar al candidato a que nos muestre cómo gestiona su tiempo y sus responsabilidades. ¿Cómo estructura su semana? ¿Cuál es su enfoque para la gestión de tareas? ¿Cómo maneja los plazos? Además, deberíamos preguntar acerca de sus estrategias para desenvolverse en un horario lleno de reuniones, citas y eventos. Lo más importante es comprender cómo logra resultados de manera constante y prioriza lo que realmente importa.

El candidato debe ser capaz de presentar un método claro, hábitos establecidos y un sistema de trabajo eficaz que lo conviertan en un valioso integrante de nuestro equipo. No podemos esperar productividad si permitimos que se incorpore alguien que carece de organización y control sobre sus actividades.

Para hablar con autoridad, primero debemos organizarnos a nosotros mismos para impulsar nuestros proyectos hacia el éxito. La jornada laboral que comienza hoy, en realidad, empieza el día anterior. Al finalizar el día, debemos prepararnos para dirigir nuestros esfuerzos, mantener el enfoque y alcanzar los resultados deseados en la jornada siguiente.

¿Qué implica esta preparación diaria?: Este ejercicio de planificación debería ocupar entre 15 y 20 minutos y realizarse cada día antes de concluir nuestra jornada laboral. Nuestra última tarea del día debe ser siempre revisar y preparar las actividades para el día siguiente.

<u>¿Por qué es esencial la preparación?</u>: Para navegar eficazmente por nuestro camino, determinar nuestros deseos y establecer una dirección clara, la preparación se convierte en una necesidad fundamental. Al abordar nuestras tareas con intención, dirección y enfoque, ganamos la capacidad de concentrar nuestros esfuerzos y optimizar el uso de nuestro tiempo.

Anticiparnos a lo inesperado nos proporciona las herramientas para tomar decisiones informadas ante urgencias, cambios de prioridades o factores externos que exijan una modificación de nuestros planes. A través de la preparación, nos capacitamos para adaptarnos rápida y eficazmente ante cualquier circunstancia imprevista.

Realizar una preparación diaria nos permite obtener una comprensión integral de nuestras tareas próximas, anticipándonos y clarificando la asignación más importante para el día siguiente. Este enfoque proactivo garantiza que estemos bien preparados para afrontar nuestras responsabilidades de manera efectiva.

<u>Cómo enfocar la preparación diaria:</u> Nuestra preparación diaria no debe ser excesivamente compleja, pero requiere seguir una secuencia precisa. Al adherirnos a los siguientes pasos, podremos simplificar de manera eficaz nuestro proceso de preparación:
- Comenzar abriendo y revisando cualquier mensaje pendiente que requiera atención. Este paso nos asegura que estamos al día y podemos responder rápidamente a cualquier asunto urgente.

- A continuación, abre el calendario para obtener una visión general de las actividades programadas para el día. Familiarízate con las citas, reuniones o plazos que debas tener en cuenta.
- Procede creando una lista de tareas para el día siguiente. Anota las tareas esenciales que deben realizarse, priorizándolas según su importancia y urgencia. Este ejercicio nos ayuda a mantenernos organizados y enfocados en lo que debemos hacer.
- Por último, define y prepara las tareas clave. Estas actividades representan las tareas más críticas y de alto valor que están alineadas con tus objetivos o proyectos a largo plazo. Asigna tiempo y recursos específicos a estas actividades, asegurándote de prestarles la atención que merecen.

Al adoptar este enfoque sistemático de preparación diaria, podemos maximizar nuestra productividad y prepararnos para el éxito. Comprometámonos a implementar este hábito a partir de hoy.

Ejercicio: Mejora tus habilidades de preparación diaria

- Primero, abre tu calendario y prepárate para hacer un cambio positivo.

- Empieza creando un evento recurrente para cada día laborable. Este evento, titulado "Prepárate", servirá como un recordatorio clave para tu rutina diaria.

- Es importante elegir la hora exacta en la que deseas recibir el aviso. Considera programar el recordatorio un poco antes de tu hora habitual de finalización, asegurándote de tener tiempo suficiente para prepararte (por ejemplo, si normalmente terminas de trabajar a las 19:00, programa el evento para las 18:40).

Ahora, puede que te preguntes por qué este recordatorio es necesario a largo plazo. A medida que pase el tiempo, después de un mes o dos, probablemente te habrás acostumbrado a esta rutina y la realizarás de forma natural. Sin embargo, el recordatorio desempeña un papel importante en iniciar este hábito. Actúa como un suave empujón, ayudándote a establecer la base para un hábito productivo.

2.6 Empezar con fuerza: Ganar el día

Para concluir este capítulo, vamos a profundizar en uno de los hábitos fundamentales para la productividad personal. ¿Sueles comenzar el día de forma relajada, pero terminas trabajando hasta tarde para cumplir con tus objetivos? Para tener un día productivo manteniendo un equilibrio saludable entre la vida laboral y personal, no podemos permitirnos empezar el día lentamente. Debemos levantarnos temprano y abordar la jornada con energía, sin esperar a media mañana o a la tarde para comenzar a rendir.

Si no empezamos el día con buen pie, corremos el riesgo de centrarnos en tareas de menor impacto o de vernos absorbidos por problemas que nos traen los demás, en lugar de priorizar las actividades que generan resultados diarios para nosotros mismos. El inicio de la jornada laboral tiene un poder inmenso sobre nuestros logros diarios, nuestra capacidad de seguir el plan de trabajo, la productividad general, el estado de ánimo y la motivación, así como sobre nuestro nivel de concentración y enfoque. Muchas personas no reconocen el impacto profundo que este momento puede tener, pero puede influir significativamente en nuestro rendimiento laboral.

Aprovechemos la oportunidad que nos ofrece el comienzo de cada día y transformémoslo en un hábito que potencie nuestra capacidad, rendimiento y resultados. Debemos esforzarnos constantemente por empezar cada jornada con una victoria. Todos los días.

Es fundamental maximizar las primeras horas del día, comenzando con alta energía y enfocándonos en nuestras tareas clave. Al hacerlo, obtenemos diversos beneficios: mejor rendimiento gracias a una mayor claridad mental y estado de alerta, mayor facilidad para completar tareas complejas, un entorno laboral más tranquilo, resultados inmediatos de nuestras tareas clave y una mejor preparación para afrontar imprevistos que puedan surgir más adelante.

Un inicio sólido cada día nos llena de energía positiva, motivación y el impulso necesario para alcanzar el éxito durante toda la jornada.

Claves esenciales para un comienzo ganador

Para asegurarnos de ganar cada día, debemos implementar tres claves esenciales:

- Empezar temprano: Levantarse temprano nos proporciona tiempo adicional para invertir en nuestro crecimiento personal y profesional. Este periodo de tranquilidad nos permite establecer nuestras intenciones para el día y dedicarnos a actividades que fomentan nuestro bienestar.
- Comenzar enfocados en nuestras tareas clave: Prioriza las tareas que se alinean con tus objetivos y tienen el mayor impacto en tu progreso. Al abordar estas tareas clave desde el principio, nos aseguramos de dirigir nuestra atención a actividades que nos impulsan hacia adelante.
- Evitar ciertas tareas y actividades: Identifica aquellas tareas y actividades que no son esenciales o que consumen tiempo sin ofrecer un rendimiento significativo. Al eliminar o posponer estas distracciones, creamos espacio para un trabajo valioso y mantenemos nuestro enfoque en lo que realmente importa.

Empezar temprano: Si nuestras obligaciones personales y familiares lo permiten, comenzar el día antes que nuestros colegas pueden darnos una ventaja valiosa. Llegar apenas media hora antes nos brinda la oportunidad de sumergirnos en tareas que realmente nos apasionan. Al comenzar más tarde, nos exponemos a los problemas y demandas que ya nos hayan planteado otros, quedándonos en una constante carrera a contrarreloj.

Priorizar las tareas clave: Habiendo identificado nuestras tareas clave durante la preparación del día anterior, debemos seleccionar la más importante. Empezar con esta tarea nos garantiza obtener resultados, sentirnos satisfechos y avanzar en la primera hora del día. Adoptar esta práctica a diario nos ayudará a mantener una productividad constante a lo largo de la vida.

Evitar actividades contraproducentes: Realizar ciertas tareas y actividades por la mañana puede perjudicar nuestra productividad. A continuación, algunas acciones que nunca deberíamos realizar al comenzar el día:

- Abrir nuestros mensajes: Posponlo para más adelante, ya que puede desviar nuestra atención de las tareas esenciales. Al centrarnos en nuestras tareas clave, preservamos nuestra concentración.
- Programar reuniones: Las reuniones suelen consumir mucho tiempo y energía. Si comenzamos el día con una reunión, habremos consumido gran parte de la mañana y agotado nuestra energía mental. Siempre que sea posible, prioriza las tareas de mayor valor y programa las reuniones después de las 11 de la mañana. Este enfoque también se puede aplicar a las llamadas.
- Consumir información: Aunque puede resultar tentador leer noticias o actualizaciones del sector, es posible que no sea la

forma más efectiva de aumentar nuestra productividad. Reserva otro momento del día para esta actividad. De este modo, no te perderás información importante, pero podrás dedicar el inicio de tu jornada a tus tareas clave.

- Abordar tareas menores: El papeleo, las revisiones, las microtareas y los pequeños informes requieren poca concentración y esfuerzo. ¿Por qué gastar nuestra mayor energía en estas actividades? En su lugar, dedica otro momento del día específicamente para ellas. Así evitaremos desperdiciar nuestro potencial y optimizaremos nuestra productividad.

Ejercicio: Comenzar el día con éxito

Comienza tomando una hoja de papel y dibuja una línea vertical prominente, dividiendo la página en dos columnas amplias. En la columna de la izquierda, escribe una lista de las rutinas, actividades y tareas que normalmente constituyen el inicio de tu jornada laboral. A continuación, te presento un ejemplo:

Rutinas, actividades y tareas	Claves para iniciar el día con éxito

En la columna de la derecha, anota una recopilación de elementos esenciales o rutinas que consideres que contribuirían a un inicio exitoso de tu día. Piensa en incorporar los conocimientos que hemos revisado recientemente o cualquier otra idea que te venga a la mente.

Tómate un momento para reflexionar sobre todo lo que has incluido en ambas columnas, asegurándote de que estén alineadas con tus objetivos generales, prioridades y tareas clave.

Ten en cuenta lo siguiente:

- ¿Qué es lo que más te beneficia?

- ¿Qué demuestra mayor sensatez?

- ¿Qué cambios implementarás a partir de ahora para fomentar un inicio exitoso del día?

3. Optimizar y ganar tiempo

"El tiempo es el recurso más escaso, y si no se gestiona, no se puede gestionar nada más." - Peter Drucker

Con frecuencia, nos encontramos quejándonos de la falta de tiempo. Vamos a explorar un método para liberar tiempo cada día, permitiéndonos recuperar esos momentos valiosos que, sin darnos cuenta, hemos estado cediendo. Al hacerlo, podremos reinvertir ese tiempo en nuestros proyectos, tomarnos los descansos necesarios y cuidar nuestra vida personal y familiar. La clave está en optimizar nuestros calendarios, ya que disponemos de tiempo de sobra; simplemente, en ocasiones no lo utilizamos de manera eficiente. Tiende a estar mal distribuido y, en ciertos casos, se desperdicia de forma involuntaria. Sin embargo, tenemos el poder de evitar que esto ocurra.

Nos centraremos en un área específica donde reside ese tiempo: nuestro calendario. Profundizaremos en nuestras rutinas diarias, actividades, compromisos e incluso en nuestra vida digital. La idea de contar con más tiempo disponible cada día es, sin duda, muy atractiva. ¿No crees?

Además de llevar un registro exhaustivo de nuestras actividades y fomentar hábitos laborales eficientes, hay un objetivo fundamental que debemos perseguir como profesionales: conseguir más tiempo. Este tiempo adicional nos permitirá centrarnos en nuestros proyectos, disfrutar de merecidos descansos y explorar nuevas iniciativas.

Aumentar nuestras horas de trabajo o simplemente esforzarnos más no es una solución viable; solo genera nuevos problemas. En su lugar, nuestra estrategia se basará en un enfoque más inteligente: liberar y optimizar nuestros horarios.

Aunque el tiempo es abundante, a menudo se oculta o se pierde entre nuestras rutinas y malos hábitos, que debemos esforzarnos por reducir o eliminar.

A lo largo de este capítulo, abordaremos aspectos clave que pueden generar resultados significativos:

- El valor del tiempo: Profundizaremos en la importancia de reconocer el valor de nuestro tiempo y de defenderlo de manera proactiva.
- El arte de decir "no": Aprender a rechazar solicitudes no esenciales nos ayudará a evitar sobrecargarnos y a no perder el enfoque en lo que realmente importa.
- Descubrir tiempo extra: Identificaremos los momentos de tiempo ocultos en nuestras rutinas diarias y en las tareas repetitivas que realizamos con frecuencia.

Cultivando buenos hábitos, ejerciendo la disciplina y manteniendo el control sobre nuestras acciones, tenemos el potencial de ganar una cantidad significativa de tiempo adicional.

3.1 Defender nuestro tiempo: Establecer límites

¿Alguna vez has tenido la sensación de no tener suficientes horas en el día? Es una queja común, pero ¿cuál es la causa subyacente?

Una de las razones más habituales es la tendencia a ceder nuestro tiempo sin ser plenamente conscientes de cómo lo estamos utilizando. Nuestras jornadas están llenas de tareas, actividades, reuniones, compromisos, proyectos, interacciones con personas, distracciones en línea y un uso constante de dispositivos. Todos estos factores, combinados, consumen una parte significativa de nuestro tiempo. El problema es que a menudo regalamos nuestro tiempo sin darnos cuenta. En realidad, disponemos de más tiempo del que inicialmente imaginamos, pero para poder disfrutarlo plenamente necesitamos tomar ciertas medidas:

Recuperar nuestro tiempo: Es fundamental retomar el control sobre nuestro tiempo y decidir conscientemente cómo lo distribuimos. Gestionando activamente nuestra agenda y estableciendo prioridades, podemos asegurarnos de que estamos invirtiendo nuestro tiempo en las áreas que realmente nos importan.

Defender nuestro tiempo: ¿Por qué deberíamos proteger nuestro tiempo? La respuesta es sencilla. Si no protegemos nuestro tiempo, otras personas y factores externos inevitablemente se apoderarán de él. Esta intrusión puede tener efectos perjudiciales tanto en nuestra vida personal como profesional. A medida que perdemos gradualmente el control de nuestro tiempo, nuestra calidad de vida y de trabajo se verá afectada. Nos encontraremos constantemente desbordados, sin tiempo suficiente para nada, en especial para aquello que realmente nos importa.

Ejercicio: Autorreflexión

Instrucciones:

- Dedica tu tiempo a leer las siguientes preguntas. Involúcrate en la introspección y responde con sinceridad.

Considera las siguientes preguntas:

- ¿Eres alguien que prioriza tiempo para lo que realmente importa?

- ¿A menudo te encuentras diciendo "sí" a todas las propuestas o proyectos?

- ¿Tiendes a llenar tu calendario sin ejercer moderación?

- ¿Has implementado recientemente algún cambio para ganar más tiempo o, al menos, para evitar desperdiciar el tiempo que ya tienes?

Cuando calculas el tiempo acumulado que desperdicias inconscientemente en tareas y actividades triviales, sumado al tiempo que pierdes debido a distracciones (especialmente por dispositivos), la magnitud del problema se vuelve inmensa. Además, este problema se perpetúa día tras día, semana tras semana y mes tras mes.

Cada crisis presenta una oportunidad de cambio, y cuando nos encontramos deseando más tiempo para nuestros proyectos, a menudo caemos en una trampa común: trabajar más horas. Sin embargo, este enfoque está lejos de ser inteligente, ya que no aborda el problema subyacente. No es sostenible a largo plazo y compromete seriamente nuestra capacidad para encontrar descanso y mantener una vida personal y familiar saludable.

Por lo tanto, necesitamos adoptar un nuevo enfoque.

¿Cómo podemos recuperar nuestro tiempo?

Esto requiere acciones y comportamientos intencionales que se arraiguen en nuestra forma de vida, empoderándonos para tomar el control de nuestras acciones. Nos centraremos en tres acciones clave:

Asignar tiempo dedicado a lo que realmente importa: ¿Tenemos una comprensión clara de nuestras prioridades? ¿Qué es lo que realmente tiene importancia para nosotros? Debemos identificar nuestros principales objetivos y tareas esenciales. ¿Estamos dedicando tiempo adecuado a ellos? Si no es así, o si buscamos mejorar este aspecto, debemos asignar tiempo de manera proactiva con antelación. Al reservar franjas horarias específicas y comprometernos con ellas, garantizamos que nuestros proyectos, relaciones y actividades reciban la atención que merecen. Anticipar y priorizar es lo que distingue a los profesionales.

Revisar proyectos y compromisos regularmente: Es crucial evaluar periódicamente nuestra lista actual de proyectos, actividades y compromisos. Puede haber ocasiones en las que hayamos asumido demasiadas responsabilidades o estemos dedicando más tiempo del necesario a ciertas tareas. Algunas actividades pueden haberse introducido sin una consideración adecuada, mientras que otras pueden haber crecido y consumido más recursos de lo justificado. Para mantenernos en el camino y cumplir nuestros objetivos, necesitamos reajustar y realinear nuestro enfoque.

Evaluar y modificar nuestros hábitos digitales: Realiza un análisis exhaustivo de nuestros hábitos, particularmente aquellos relacionados con nuestras interacciones digitales. Aquí es donde a menudo desperdiciamos una cantidad considerable de tiempo, sucumbiendo a distracciones constantes, actividades sin propósito, suscripciones, notificaciones, alertas, desplazamientos sin sentido y entrar y salir de varias plataformas. La mayoría de estas acciones no sirven a un propósito significativo y son solo culpables de desperdiciar tiempo.

Ejercicio: Evaluación de nuestros hábitos

- Toma una hoja de papel y anota tres de tus prioridades, objetivos o metas más importantes que actualmente estás tratando de alcanzar.

- Ahora, abre tu calendario y evalúa cuánto tiempo has asignado a estas prioridades en las últimas dos semanas. ¿Es el tiempo que has reservado insuficiente o, quizás, inexistente?

- Haz un esfuerzo consciente por reservar tiempo dedicado a tus prioridades.

- El paso crucial es bloquear proactivamente franjas horarias específicas con antelación. Al hacerlo, puedes asegurarte de que estas prioridades reciban la atención que merecen, al mismo tiempo que permite espacio para otras tareas o compromisos inesperados que puedan surgir.

3.2 El poder de decir "no"

Comprender la importancia de saber cómo decir "no" se está volviendo cada vez más crucial. ¿Por qué es tan significativo?
- Para evitar el agobio y mantener el enfoque.
- Para concentrarnos en lo que realmente importa.
- Para evitar que otros dicten nuestro calendario.

¿Decir "no" se alinea con ser un profesional competente? A menudo, los profesionales proactivos tienden a ver cada idea, sugerencia o propuesta como válida y responden automáticamente con un "sí". Sin embargo, dedicar más tiempo cada día a enfocarnos en nuestras prioridades y metas requiere la capacidad de decir "no". Esto nos evita sobrecargarnos con un exceso de nuevos compromisos.

Aquí hay tres razones convincentes por las cuales deberías empezar a abrazar el poder del "no":

Si intentamos lograr todo, nos quedaremos cortos: Complacer a todos en última instancia nos deja insatisfechos. Por lo tanto, como profesionales cualificados, debemos aprender a decir "no" en la mayoría de los casos.

La cantidad de nuestras tareas diarias debería disminuir: Se trata de hacer menos, pero hacerlo mejor. A medida que reducimos nuestra carga de trabajo, aumentará nuestro enfoque y nuestras capacidades, la calidad de nuestro trabajo mejorará, nuestra satisfacción y estado de ánimo mejorarán, y tendremos más tiempo para invertir en lo que realmente importa. Al decir "sí" a algo, estamos diciendo "no" implícitamente a algo más. ¿Qué estamos dispuestos a sacrificar?

Lograr resultados excepcionales con tareas importantes: El éxito personal y profesional no radica en hacer más cosas, sino en hacer excepcionalmente bien las cosas verdaderamente importantes. Al decir "no" a ciertas tareas, compromisos o actividades, no estamos sacrificando ni perdiendo oportunidades, sino diciendo "sí" a los aspectos que tienen mayor importancia para nosotros.

Cuando se nos presenta una oportunidad tentadora y nuestro impulso inicial es decir "sí", preguntémonos lo siguiente:
- ¿Nos acercará a nuestros objetivos actuales?
- ¿Nos abrumará o distraerá de nuestros compromisos existentes?

Al tomar un enfoque proactivo hacia nuestro tiempo, defendiendo nuestros objetivos y prioridades, podemos mantener el enfoque y evitar que nuestra agenda se sature.

¿Cómo ponerlo en práctica?

Implementar una estrategia para gestionar eficazmente propuestas y nuevos proyectos implica más que simplemente rechazarlos o declinarlos de inmediato. A menudo, es más sabio negociar presentando una contraoferta; un "sí" condicional.

Los siguientes escenarios representan situaciones que pueden sucedernos a cualquiera. Reflexionemos sobre cómo podemos responder.

<u>Caso 1:</u> Propuesta de reunión

Socio de negocios: "¿Qué te parece si nos reunimos el martes, a primera hora de la mañana?"

Nosotros: "Estoy disponible para una reunión; sin embargo, tengo compromisos previos hasta la 1:00 PM del martes. ¿Podríamos reunirnos en su lugar de 1:00 PM a 2:00 PM?"

Nuestra contraoferta es tanto positiva como constructiva. Nos permite programar la reunión el mismo día, al tiempo que garantizamos que conservamos toda la mañana, especialmente las primeras horas cruciales que son esenciales para nuestra productividad. Al negociar en lugar de aceptar la propuesta inicial de forma directa, podemos mejorar nuestra posición.

<u>Caso 2:</u> Oferta de colaboración

Socio de negocios: "¿Te gustaría unirte? Solo necesitas colaborar una vez a la semana."

Nosotros: "Por supuesto, pero en este momento, comprometerme una vez a la semana es demasiado exigente para mí. Podría contribuir dos veces al mes. Si eso funciona para ti, cuenta conmigo."

Nuestra contraoferta reduce el nivel de compromiso respecto a la propuesta original sin rechazarla de forma directa. Al dedicar tiempo dos veces al mes en lugar de una vez a la semana, podemos participar sin sobrecargar nuestra agenda semanal. Es un "sí" controlado.

Caso 3: Comida de negocios

Socio de negocios: "¿Qué te parece si tenemos una reunión durante el almuerzo? ¿Por qué no mañana a la 1:00 PM?"

Nosotros: "Esta semana es bastante complicada. ¿Qué tal si nos reunimos a principios de la próxima semana para tener una discusión estructurada en lugar de un almuerzo?"

Nuestra contraoferta sustituye una reunión informal durante el almuerzo por una reunión de negocios dedicada. Este ajuste nos permite prepararnos de manera más exhaustiva y mantener nuestra agenda existente para la semana, al tiempo que atendemos la solicitud de nuestro socio de negocios.

Habrá ocasiones en las que la negociación no será posible y no tendremos más alternativa que decir "sí". Sin embargo, en muchas otras situaciones, tendremos la oportunidad de presentar una contraoferta en respuesta a una propuesta inicial. Es en esos momentos cuando debemos enfocarnos y tomar acción proactiva.

Ejercicio: Creación de frases

- Tómate un momento para revisar los tres estudios de caso que acabamos de examinar y elabora una lista de diez frases que puedas utilizar cuando desees expresar interés en negociar en lugar de rechazar de forma tajante.

- Asegúrate de que el lenguaje que utilices sea relajado, familiar y transmita un sentido de empatía. Estas frases pueden ponerse en práctica tan pronto como sea posible, siempre que alguien te presente una propuesta que requiera tu tiempo, pero no se alinee con tus prioridades actuales.

- Para ayudarte a generar estas frases sin esfuerzo, reflexiona sobre situaciones recientes en las que estuviste de acuerdo con algo y luego te arrepentiste o sentiste que debiste haber sugerido un enfoque alternativo.

3.3 Racionalización de rutinas y tareas repetitivas

Reflexiona un momento sobre las actividades, tareas y rutinas que repites día tras día. Son aquellas acciones que realizas continuamente; tareas de pocos minutos o de media hora, como revisar tus mensajes o dispositivos.

Las rutinas y tareas que repetimos con frecuencia representan una oportunidad significativa para recuperar tiempo valioso. Es hora de tomar medidas. Debido a su repetición constante, estas actividades se acumulan y se convierten en una cantidad considerable de tiempo, desviando nuestra atención de esfuerzos potencialmente más importantes. A menudo, realizamos estas rutinas de manera inconsciente, sin optimizarlas. Elegimos el momento equivocado o dedicamos más tiempo del necesario.

Imagina las posibilidades que surgirían si controláramos y redujéramos conscientemente estas rutinas y tareas repetitivas. Al hacerlo, podríamos ganar una hora extra cada día; un regalo valioso de casi ocho horas a la semana. Piensa en lo que podrías lograr con una hora adicional a tu disposición cada día durante los próximos cinco o diez años. En el siguiente capítulo, profundizaremos precisamente en eso. Es hora de tomar acción y adoptar el cambio. Avancemos juntos.

Ejercicio: Elimina las tareas repetitivas

Eliminemos esas tareas y actividades repetitivas que nos sobrecargan. Este ejercicio consta de dos partes:

Parte 1:

- Comienza creando una lista exhaustiva que abarque todas las tareas, rutinas y actividades que repites con mayor frecuencia. Presta especial atención a aquellas acciones que realizas varias veces al día.

- Reflexiona sobre tu jornada laboral y tu semana. Considera actividades como responder mensajes, realizar revisiones, preparar pequeños informes, hacer llamadas diarias a clientes o asistir a reuniones de proyecto. Es esencial incluir también compromisos personales, citas, responsabilidades del hogar y rutinas familiares en esta lista.

- Tómate tu tiempo con este ejercicio, dedicándole la atención necesaria para capturar todo. Anota elementos gradualmente a lo largo de varios días a medida que los identifiques y los lleves a cabo. La clave es registrar cada tarea que ocurra con más frecuencia.

Parte 2:

Una vez que hayas recopilado la lista, es momento de analizar cada elemento de manera individual. Revisa cada tarea y pregúntate lo siguiente:

- ¿Es esta tarea o rutina realmente necesaria? ¿Contribuye a tu progreso personal?

- ¿Necesitas realizar esta tarea personalmente o podrías delegarla a otra persona?

- Si es realmente necesaria, ¿debes realizarla a diario o con tanta frecuencia? ¿Podrías reducir su frecuencia a cada dos o tres días, o tal vez una vez a la semana?

Para las tareas que se consideren necesarias y que no puedan ser delegadas, explora estrategias para minimizar su impacto:

- ¿Puedes encontrar formas de optimizarla y reducir el tiempo necesario? Por ejemplo, si te lleva 30 minutos, considera si puedes reducirlo a 20 minutos.

- Si la tarea te toma 15 minutos, busca la manera de reducirla aún más a 10 minutos.

Aborda cada tarea y rutina de manera individual, tomando decisiones para eliminar algunas, ajustar la frecuencia de otras y reducir la duración de las restantes.

3.4 Reducir el ruido: Gestionar la sobrecarga

¿No te parece que a menudo nos encontramos navegando en medio de un abrumador mar de ruido en nuestras vidas? Día tras día, acumulamos más y más, fruto de nuestra constante conexión al mundo digital. Piénsalo: incontables horas viendo vídeos o desplazándonos por publicaciones que aportan poco o nada de valor; este comportamiento es perjudicial. Nos desvía de nuestros verdaderos objetivos y frena nuestro progreso.

Para contrarrestarlo, debemos actuar activamente para eliminar y reducir el flujo de ruido digital, centrándonos únicamente en lo que realmente contribuye a nuestro crecimiento personal y profesional. Ha llegado el momento de embarcarnos en una dieta digital.

Piénsalo: absorbemos de forma continua un flujo interminable de artículos, mensajes, fotos y vídeos sin considerar su propósito. ¿Realmente necesitamos toda esta información? ¿La consumimos de manera consciente? ¿Aporta verdaderamente un propósito significativo y nos ayuda a ser mejores versiones de nosotros mismos? ¿Está alineada con nuestras verdaderas prioridades?

Si de verdad deseamos simplificar nuestras vidas y, sobre todo, recuperar tiempo, energía y atención valiosos para nuestras prioridades, debemos considerar seriamente adoptar una dieta digital. Esto implica eliminar, regular y simplificar de manera intencionada el exceso de nuestras actividades digitales.

Ejercicio: Tiempo extra

Mi objetivo es ayudarte a recuperar tiempo extra para ti, para que puedas reinvertirlo en las actividades que elijas. Te recomiendo seguir estos tres pasos para lograr una mayor productividad:

Paso 1: Identificar
Comienza documentando todos los aspectos de tu vida digital: redes sociales, noticias, sitios web, vídeos, publicaciones, comentarios, suscripciones, notificaciones, grupos, actualizaciones y alertas. No dejes ningún detalle sin registrar.
El objetivo es crear una instantánea precisa de la información que consumes durante tus actividades digitales. Puedes presentar estos datos en forma de lista, diagrama, gráfico o mapa mental; el formato que mejor se adapte a ti.

Paso 2: Analizar
Asigna una calificación del 0 al 10 a cada actividad en función de su "importancia" real y su "impacto" en tu vida laboral y personal. Reflexiona sobre las siguientes preguntas:

- ¿Qué tan necesaria es la información que proporciona este sitio web, suscripción, mensaje o vídeo?

- ¿En qué medida contribuye esta actividad a tu crecimiento y desarrollo personal?

- ¿Merece la pena dedicar tiempo a esta actividad, aplicación o suscripción por encima de tus metas y aspiraciones?

<u>Paso 3: Simplificar</u>

Revisa cada actividad que has documentado y evaluado, respondiendo a las siguientes preguntas:

- ¿Cuál sería el resultado si eliminaras por completo esta actividad de tu vida? ¿Está realmente alineada con tus prioridades?

- ¿Cómo te afectaría reducir la frecuencia de participación, pasando de un acceso constante a una o dos veces al día, o incluso cada pocos días?

Al reflexionar de manera cuidadosa sobre estas cuestiones, podrás racionalizar tu consumo digital y liberar tiempo valioso para actividades más significativas.

4. Enfocar y ganar atención

"La multitarea es un mito. No puedes hacer dos cosas a la vez. Solo puedes cambiar tu atención rápidamente entre tareas. La calidad sufre. Divide tu atención y divides tu poder." - Tony Robbins

Imagina comenzar un día completo de trabajo, con montones de tareas pendientes de completar. A pesar de la carga de trabajo, nos mantenemos tranquilos y serenos, apoyados por el tiempo que tenemos y un plan meticulosamente elaborado. Nuestra jornada está impulsada por una determinación inquebrantable, repleta de objetivos, energía, ideas y un impulso insaciable por construir nuestro proyecto.

A simple vista, parece que poseemos todos los ingredientes necesarios para un resultado exitoso. Sin embargo, hay un elemento esencial que brilla por su ausencia; uno que nos hace productivos, potencia nuestra creatividad y maximiza nuestra inversión de tiempo. Este componente elusivo no es otro que nuestra capacidad de atención.

En una era donde la atención es cada vez más escasa, se ha transformado en un recurso valioso para los profesionales. Es en el espacio de la concentración ininterrumpida donde surge nuestra magia interior. Es en esos momentos cuando desplegamos todo nuestro potencial y liberamos nuestra capacidad innata, aprovechando nuestros estudios, conocimientos, creatividad, pasión, visión, energía y esfuerzo.

Cuando logramos un enfoque verdadero, movilizamos cada fibra de nuestro ser y la dirigimos hacia una sola tarea: un proyecto, una persona o un instante. Sin atención y concentración, las ideas se disipan, la creatividad decae, el ritmo de trabajo se ralentiza y los resultados disminuyen. Por lo tanto, la atención es la cualidad esencial que todo profesional de éxito debe dominar.

¿Qué habilidad consideramos la más crucial? La atención; la capacidad de centrar nuestro enfoque de manera deliberada.

La concentración desempeña un papel igualmente vital, permitiéndonos maximizar la productividad y mejorar la calidad de nuestro trabajo. Aporta intensidad, fomenta ideas, aguiza nuestras habilidades, garantiza la excelencia y facilita la agilidad.

Lamentablemente, prestar atención ha pasado de moda en nuestra sociedad actual. Vivimos en un mundo lleno de distracciones e interrupciones constantes, donde la multitarea y las notificaciones incesantes dictan nuestras prioridades y desvían nuestros objetivos.

Debemos liberarnos de este ciclo pernicioso y convertirnos en personas capaces de:
- Estar presentes en el aquí y el ahora.
- Cultivar el enfoque y conectar con nuestro entorno inmediato.
- Utilizar nuestras habilidades y conocimientos al máximo, especialmente cuando realizamos tareas de alto impacto.

Juntos, emprenderemos el siguiente viaje transformador:
- Atención: Aprenderemos a priorizar y desarrollar nuestra capacidad de atención.
- Monotarea: Exploraremos la práctica de la monotarea, la clave para desbloquear niveles de rendimiento inimaginables al centrarnos en una tarea a la vez.

- Distracciones: Dominaremos la disciplina necesaria para eliminar nuestras propias distracciones, especialmente las que provienen del mundo digital y de nuestros dispositivos.
- Interrupciones: Adquiriremos técnicas para trabajar de manera colaborativa con los demás, mitigando y gestionando eficazmente sus interrupciones.
- Finalización: Nuestro objetivo es convertirnos en profesionales que aborden las tareas con un enfoque inquebrantable, asegurando que se completen en lugar de dejarlas a medias.

Nuestro objetivo final es recuperar más momentos de calidad cada día; verdaderos periodos de trabajo enfocado donde podamos aprovechar nuestra eficacia hasta niveles sin precedentes.

4.1 El poder de la atención: Aprovechando la concentración

¿Cuántas veces te han interrumpido hoy? ¿Con qué frecuencia has mirado tu dispositivo en la última hora? ¿Y cuántas notificaciones has recibido hasta ahora? ¿Cuántas veces has revisado tus mensajes? ¿En cuántos chats de grupo participas, y cuántos mensajes has recibido hoy?

Vivimos en un mundo multitarea, inundado de notificaciones, alertas, distracciones, interrupciones y mensajes. El impacto en nuestra productividad en el trabajo se ha vuelto exorbitante: tenemos menos horas al día para concentrarnos en lo que realmente importa, la calidad y la atención al detalle en nuestro trabajo disminuyen, crece el número de tareas sin terminar, el estrés y el agobio aumentan, y la conexión y disfrute con lo que hacemos se debilitan.

Por si fuera poco, las distracciones también han invadido nuestro tiempo de descanso, nuestra vida personal y familiar.

¿Tienes tiempo suficiente para completar todas las tareas que necesitas hacer? La respuesta es sí, pero a menudo sentimos que nos falta tiempo debido al flujo constante de distracciones que impregna nuestros días. Intentar trabajar se asemeja a navegar por un campo minado.

Lo que realmente necesitamos es tiempo de trabajo dedicado e ininterrumpido, donde podamos estar completamente atentos y concentrados. Asegurar y preservar este tiempo de enfoque debe ser uno de nuestros principales objetivos.

Desarrollar nuestra capacidad de atención

Como profesionales comprometidos, es fundamental que:
- Asignemos tiempo de calidad a nuestro trabajo.
- Mejoremos nuestra capacidad de atención.

La atención es como un músculo que se puede fortalecer y aprovechar para alcanzar nuestros objetivos de maneras que ni siquiera podemos imaginar. Alternativamente, podemos descuidarla y debilitarla, convirtiéndonos en profesionales mediocres que luchan por concentrarse cuando es necesario, carecen de creatividad y trabajan de manera inconsistente.

Independientemente de nuestras habilidades, de la singularidad de nuestro negocio o de la magnitud de nuestros planes de expansión, si no dedicamos horas y días sustanciales de trabajo enfocado en lugar de momentos fragmentados y esporádicos, nunca haremos progresos significativos. Nuestros proyectos personales se quedarán en sueños incumplidos que nunca despegarán, dejándonos frustrados tanto a nivel personal como profesional.

Disponemos de ocho horas por delante, un plan de trabajo bien elaborado con objetivos claros, una lista de tareas definida con precisión, talentos y habilidades personales que se alinean perfectamente con nuestros propósitos. Sin embargo, luchamos por protegernos de las distracciones y las interrupciones, lo que nos impide sumergirnos plenamente en nuestro trabajo o interactuar de manera significativa con nuestros colegas. Al final del día, solo logramos cumplir con la mitad de lo que nos habíamos propuesto, con resultados mediocres, y recurrimos a la queja habitual: "No tengo tiempo".

Hoy debemos comenzar a cambiar ciertos hábitos. En el siguiente capítulo, veremos cómo poner en práctica estos cambios.

¿Cómo ponerlo en práctica?

Ahora dirigiremos nuestra atención hacia el cultivo, desarrollo y optimización de nuestra capacidad de atención.

A partir de este momento, comprometámonos a incorporar las siguientes estrategias en nuestro plan de acción: Proactivamente, asignemos bloques de tiempo de alta calidad en nuestros calendarios. Al reservar periodos específicos, tanto diarios como semanales, podremos abordar eficazmente nuestras tareas más importantes y participar en trabajos que generen resultados tangibles.

Para lograr esto, debemos eliminar la multitarea por completo y abrazar la práctica de la monotarea. Es esencial concentrarse en una tarea a la vez, sin importar el flujo interminable de responsabilidades o las largas listas de pendientes que puedan sobrevolar nuestra mente. En su lugar, enfoquémonos en el momento presente y en completar la tarea en curso, documentando las restantes para su posterior atención.

Asimismo, debemos enfrentarnos y eliminar las distracciones, a menudo provenientes del mundo digital y de nuestros dispositivos. Estas distracciones, aunque inconscientemente permitidas y alentadas por nosotros, tienen un impacto significativo en nuestra capacidad para mantener la concentración. Al reducir conscientemente nuestra exposición a ellas, recuperaremos el control sobre nuestra atención.

Además, es fundamental abordar y gestionar las interrupciones de los demás, como consultas, dudas, solicitudes y comentarios. En entornos de trabajo colaborativos o compartidos, es común que las personas crean que interrumpir es aceptable. Sin embargo, esta mentalidad a menudo obstaculiza la productividad y el potencial de los profesionales talentosos, ya que son interrumpidos constantemente cuando intentan concentrarse en sus tareas. Trabajar juntos no debe implicar un flujo continuo de interrupciones.

Emprender este camino no está exento de desafíos. Las distracciones tienen un fuerte atractivo y parecen rodearnos en cada esquina, ofreciendo constantes oportunidades para interactuar con otros. No obstante, cuando priorizamos nuestra atención y tomamos acciones constantes para mejorarla, nuestras vidas experimentan una transformación.

Ejercicio: Momento sin distracciones

En esos valiosos momentos de descanso y ocio personal, mientras nos dedicamos a diversas actividades como leer un libro, ver una película o simplemente estar con amigos o familiares, es fundamental detenernos y reflexionar sobre lo siguiente:

Primero, toma un momento para observar cuánto tiempo puedes pasar sin sucumbir a la tentación de mirar tu dispositivo. Observa el paso de los minutos, midiendo tu capacidad para resistir el impulso.

Luego, cuando finalmente cedas y vuelvas a consultar tu dispositivo, haz un recuento mental de las notificaciones que han llegado durante ese breve periodo de desconexión. Pregúntate: ¿Eran realmente necesarias esas distracciones? ¿Contribuyeron a que pudiéramos disfrutar plenamente de ese valioso tiempo de ocio?

4.2 Conciencia: Adoptar el mindfulness

En el capítulo anterior, exploramos el poder de la atención y la importancia de aprovechar la concentración para crear momentos libres de distracciones. Descubrimos que al eliminar las distracciones y afinar nuestro enfoque, podemos mejorar significativamente nuestra productividad. Basándonos en este fundamento, ahora profundizamos en el concepto de mindfulness como una práctica transformadora para cultivar la conciencia plena del presente y optimizar aún más nuestra productividad.

El mindfulness es el arte de dirigir intencionalmente nuestra atención al momento presente con una actitud abierta y libre de juicios. Implica involucrarnos plenamente en el aquí y ahora, elevando nuestra conciencia sobre los pensamientos, emociones, sensaciones corporales y el entorno que nos rodea. Al adoptar el mindfulness, podemos desbloquear un nivel más profundo de enfoque y claridad, lo que nos permite realizar nuestras tareas con mayor eficiencia y efectividad.

En este capítulo, exploraremos el papel del mindfulness en la optimización de la productividad. Profundizaremos en la definición y los principios fundamentales del mindfulness y examinaremos su conexión con la atención y la concentración. Además, descubriremos los diversos beneficios que ofrece el mindfulness para mejorar tanto la productividad como el bienestar.

Principios fundamentales del mindfulness

Al cultivar el mindfulness, podemos desarrollar una mayor autoconciencia y una conexión más profunda con el momento presente.

En su esencia, el mindfulness se basa en varios principios. El primero y más importante es la ausencia de juicio. El mindfulness nos anima a observar nuestras experiencias sin evaluarlas ni etiquetarlas como buenas o malas. Esta actitud libre de juicio nos permite abordar nuestros pensamientos, emociones y circunstancias con curiosidad y aceptación.

Otro principio clave del mindfulness es la conciencia del momento presente. Nos invita a dirigir nuestra atención a la experiencia actual, en lugar de quedarnos atrapados en el pasado o anticipar el futuro. Al anclarnos en el presente, podemos sumergirnos por completo en nuestras tareas y tomar decisiones conscientes que estén alineadas con nuestros objetivos.

El mindfulness y la atención están profundamente entrelazados. Cuando practicamos mindfulness, dirigimos intencionalmente nuestra atención al momento presente. Al entrenar nuestras mentes para mantenerse en el presente, fortalecemos nuestra capacidad de mantener la atención y resistir el tirón de las distracciones. Esta mayor capacidad atencional nos permite concentrarnos de manera más efectiva en la tarea que tenemos entre manos, lo que se traduce en una mejora de la productividad.

Además, el mindfulness potencia nuestra capacidad para dirigir la atención de forma consciente. Nos permite darnos cuenta de cuándo nuestra mente divaga y redirigir suavemente el enfoque al momento presente. Esta autorregulación de la atención fomenta una concentración más aguda y reduce la energía mental desperdiciada en pensamientos improductivos o distracciones externas.

Beneficios del mindfulness para mejorar la productividad

La práctica regular del mindfulness ha demostrado mejorar habilidades cognitivas como la atención, la memoria operativa y la velocidad de procesamiento de la información. Estas mejoras permiten a las personas involucrarse más plenamente en sus tareas, tomar mejores decisiones y generar soluciones innovadoras.

El mindfulness también contribuye a la reducción del estrés y al bienestar emocional, factores que influyen significativamente en la productividad. Al desarrollar una conciencia de nuestros pensamientos y emociones sin juzgarlos, podemos gestionar mejor el estrés y evitar que afecte negativamente a nuestro rendimiento. Esta resiliencia emocional nos permite afrontar los desafíos con mayor facilidad y mantener una mentalidad enfocada.

Además, el mindfulness cultiva un sentido de claridad y propósito. Nos ayuda a obtener una visión más clara de nuestros valores, prioridades y objetivos a largo plazo. Al alinear nuestras acciones con nuestros valores y elegir conscientemente dónde dirigir nuestra atención, podemos tomar decisiones intencionadas que contribuyan a nuestra productividad y éxito general.

Ejercicio: Momentos de mindfulness para una productividad óptima

Ejercicio de respiración consciente (5 minutos):

- Encuentra un lugar tranquilo y cómodo para sentarte.
- Cierra los ojos y dirige tu atención a la respiración.
- Observa la sensación de cada inhalación y exhalación.
- Siempre que tu mente divague, redirige suavemente el enfoque de nuevo a tu respiración.
- Realiza esta práctica durante 5 minutos, permitiendo que tu atención se ancle y reduciendo las distracciones.

Cultivar una conciencia libre de juicios:

- A lo largo de tu jornada laboral, practica observar tus pensamientos y emociones sin emitir juicios.
- Cuando notes que surge un juicio, conscientemente déjalo pasar y vuelve a centrarte en la tarea que tienes entre manos.
- Cultiva una actitud de curiosidad y aceptación, permitiendo que las experiencias se desarrollen sin quedarte atrapado en pensamientos críticos o evaluativos.
- Al reducir el ruido mental y la autocrítica, generas espacio para un pensamiento más claro y una mejora en la toma de decisiones.

<u>Gestión del estrés y resiliencia a través del mindfulness:</u>

- Cuando sientas estrés, haz una pausa y toma algunas respiraciones profundas para centrarte.

- Observa las sensaciones en tu cuerpo y cualquier pensamiento o emoción asociada.

- Cultiva la autocompasión y la ausencia de juicio, reconociendo los desafíos que enfrentas sin recurrir a la autocrítica innecesaria.

- Utiliza técnicas de mindfulness como los ejercicios de respiración mencionados anteriormente, o breves momentos de meditación para recuperar la calma y la claridad.

4.3 Monotarea vs. multitarea: Encontrar el enfoque

Cuando comienzas a trabajar, ¿cuántas aplicaciones sueles abrir en tu dispositivo?

¿Es habitual para ti tener más de cinco o seis pestañas abiertas en tu entorno de trabajo?

¿Con frecuencia te encuentras empezando algo nuevo antes de terminar la tarea anterior?

Mientras disfrutas de una afición o tomas un descanso, ¿sueles interrumpirlo para revisar tu dispositivo? ¿Con qué frecuencia ocurre esto?

¿Cuántas notificaciones y alertas recibes en tu dispositivo? ¿Alguna de ellas está en modo silencioso?

¿Sientes la necesidad de revisar tu dispositivo cada vez que llega una nueva alerta?

Si queremos aumentar nuestra efectividad y recuperar el control de nuestras vidas, es imprescindible alejarnos de la multitarea y las distracciones, y en su lugar, adoptar la práctica de la monotarea de manera consistente.

¿Pero qué es exactamente la monotarea?

La monotarea se refiere al acto de centrarse en una sola tarea a la vez. Adoptar este enfoque puede tener un impacto transformador en nuestra productividad.

Al practicar la monotarea, podemos experimentar los siguientes beneficios:

- Mayor intensidad: Al dedicar nuestra atención a una sola tarea, nuestra mente se enfoca de manera singular, permitiéndonos conectar más profundamente y con mayor claridad con lo que estamos haciendo.
- Mayor claridad: Con solo una tarea delante de nosotros, entendemos claramente lo que hay que hacer y los objetivos que queremos alcanzar. Nuestros propósitos se mantienen definidos, y avanzamos con determinación.
- Incremento en la creatividad: Al sumergirnos en la realización de una única tarea, nuestro enfoque se afina, haciéndonos más receptivos a captar y moldear las ideas que surgen.
- Mejora en la calidad: Al evitar la fragmentación mental, podemos dedicar mayor atención a los detalles, minimizar errores, identificar oportunidades y esforzarnos por alcanzar resultados excepcionales.
- Mayor lucidez: Ante los desafíos, somos capaces de generar soluciones y alternativas rápidamente. Nuestra mente, más aguda, reacciona con mayor rapidez y percibe antes las cosas, sin estar sobrecargada por la división de la atención.

La multitarea deteriora significativamente la capacidad cognitiva

Comencemos con cambios graduales y el desarrollo de nuevos hábitos. Nos centraremos en tres claves esenciales para liberarnos del perjudicial hábito de la multitarea:

Priorizar y planificar: Al anticipar y planificar proactivamente nuestras actividades diarias, identificando las tareas clave y entendiendo su impacto, fomentamos un mayor enfoque. Un plan diario bien estructurado nos anima a abordar las tareas una por una, minimizando la tentación de hacer malabares con múltiples responsabilidades al mismo tiempo.

Reducir el desorden digital: Simplifica tu entorno digital reduciendo el número de aplicaciones, herramientas y, especialmente, las alertas y notificaciones. Cada interrupción en forma de notificación, vibración o sonido desvía nuestra atención de la tarea en cuestión. Adoptar un entorno tecnológico simplificado fomenta un trabajo de mayor calidad, más eficiente y una experiencia más inmersiva y menos estresante. Recuerda, los momentos más importantes de la vida suceden más allá de la pantalla.

Dotar de significado: Solo unos segundos antes de empezar una tarea, tómate un momento para reflexionar sobre su significado. Piensa en el propósito de la tarea y su importancia para ti. Esta práctica es aún más valiosa cuando se aplica a tareas de gran impacto o aquellas que se alinean con tus objetivos principales. Al reconocer su valor, las distracciones se desvanecen, permitiéndonos concentrarnos en una tarea hasta completarla.

Ejercicio: Dos horas de monotarea

Te invito a participar en el siguiente ejercicio para mejorar tu productividad:

Dedica dos horas a trabajar en tareas de una en una. Independientemente de si completas cuatro o doce tareas en este tiempo, concéntrate en realizarlas individualmente. En este momento, aborda solo una tarea, termínala, y luego pasa a la siguiente.

Después de la primera hora, toma una breve pausa de tres minutos en la que evites mirar tu dispositivo. Utiliza este tiempo para relajarte, estirar el cuerpo, hidratarte y prepararte para la segunda hora de monotarea.

El objetivo de este ejercicio es empezar a entrenar tu mente para funcionar de esta manera. Es muy beneficioso repetir este ejercicio de forma regular por tu cuenta. Al hacerlo, estarás cultivando el hábito de la monotarea, que es clave para mejorar tu productividad.

4.4 Eliminando distracciones: Creando un entorno para el trabajo profundo

Las distracciones prevalecen en la batalla por nuestra productividad. Son omnipresentes, cada vez más atractivas, y han tomado el control de muchas de nuestras acciones. Nunca en la historia habíamos estado tan interconectados. Sin embargo, nunca habíamos estado tan desconectados de lo que tenemos justo delante de nosotros o de las personas con las que estamos.

La incesante avalancha de distracciones es un problema monumental y creciente: disminuye nuestra capacidad intelectual, obstaculiza nuestras habilidades y talentos, y nos roba tiempo.

Una mente consumida por las distracciones ve menos, logra menos y crea menos. Para los profesionales que dependen del rendimiento de sus mentes, este problema es particularmente grave. Las distracciones son como un veneno para los profesionales capacitados.

Es doloroso admitirlo, pero esencial: permitimos, fomentamos y toleramos las distracciones a nuestro alrededor. Residen en nuestros dispositivos. Las distracciones digitales están a solo un clic o un toque de distancia, ya sea que elijamos activarlas o desactivarlas.

¡Pero aquí hay buenas noticias! Con un poco de motivación, disposición y, sobre todo, un método y acciones específicas, podemos revertir esta situación a nuestro favor. Y las recompensas que nos esperan son notables: más tiempo de calidad en cada día de nuestras vidas.

Experimentamos los siguientes efectos debido a las distracciones:
- Las tareas tardan significativamente más en completarse, lo que resulta en una reducción de la productividad al final del día.
- Nuestras tareas fundamentales se vuelven más desafiantes y se completan con menos precisión y excelencia.
- Nuestro ritmo de trabajo carece de consistencia, caracterizado por pausas frecuentes y ráfagas esporádicas de productividad.
- Las tareas no finalizadas se acumulan cada vez más.
- Nos cuesta comprometernos plenamente con cada tarea y perdemos la alegría en lo que hacemos.

En el siguiente capítulo, exploraremos métodos para reducir y eliminar distracciones. Nuestro objetivo es facilitar el trabajo mental. Para lograr esto, debemos crear una barrera protectora en nuestro entorno, un escudo contra aplicaciones y alertas que obstaculizan nuestra concentración y productividad.

Aspiramos a promover:
- Atención
- Concentración

Pasos para minimizar distracciones

Asegurar un entorno de trabajo productivo es fundamental, y una forma de lograrlo es dedicando la primera hora de nuestra jornada laboral a abordar las tareas más impactantes alineadas con nuestros objetivos centrales. Aquí hay tres pasos esenciales que podemos seguir.

Minimiza las distracciones en tu entorno físico: Comienza despejando tu escritorio y eliminando cualquier papel, estructura u objeto innecesario que pueda desviar tu atención. Recuerda, si algo no te ayuda, es probable que sea una fuente de distracción. Si trabajas con otras personas o desde casa, hazles saber que tienes una tarea importante que completar y solicita tiempo sin interrupciones. Considera usar auriculares si te ayudan a mantener el enfoque.

Elimina las distracciones en tu entorno digital:
- Pon tu dispositivo en modo silencio y colócalo boca abajo. Al hacerlo, eliminarás innumerables distracciones y mejorarás tanto tu claridad mental como tu rendimiento general.
- Cierra todas las aplicaciones de mensajería y desactiva cualquier notificación de mensajes. Solo sirven como distracciones innecesarias.
- Cierra las pestañas que no sean relevantes para tu tarea actual. Mantén solo las que son esenciales.
- Cierra otras aplicaciones que no sean necesarias para la tarea en cuestión.

Comprométete plenamente con tu tarea actual: A medida que comiences la tarea o actividad en la que deseas concentrarte, tómate un momento para reflexionar internamente:
- Identifica claramente cuál es la tarea.
- Considera lo que esperas lograr o ganar al completarla.
- Reflexiona sobre por qué es personalmente importante para ti.

Al comprender tu tarea y tus motivaciones, habilitas a tu mente para establecer conexiones más sólidas y lograr un enfoque más rápido. Encontrarás que este proceso es más fácil porque ya has dedicado tiempo a eliminar muchas de las distracciones que antes obstaculizaban tu progreso.

Ejercicio: Sumérgete sin distracciones

Sigamos meticulosamente los tres pasos que acabamos de discutir. Evita saltarte ninguno de ellos y elimina progresivamente las distracciones hasta crear un entorno ideal que te permita sumergirte completamente en tu trabajo.

Una vez que hayas preparado el escenario, sumérgete en tus tareas y, al finalizar, tómate un momento para comparar los resultados obtenidos a través de este enfoque centrado con aquellos conseguidos mientras estabas rodeado de una avalancha de mensajes, notificaciones y una multitud de pestañas abiertas en tu entorno de trabajo. Sin embargo, te animo a que no te conformes con una simple evaluación de "funciona mejor". En su lugar, profundiza en tus reflexiones:

- Tiempo total dedicado a tus tareas: ¿Te encontraste completándolas de manera más rápida y eficiente?

- Calidad y precisión de tu trabajo: ¿Notaste una mejora en la calidad general y la atención al detalle?

- Compromiso con las tareas: ¿Experimentaste mayor satisfacción y una sensación de estar completamente absorto, al punto de que el tiempo parecía deslizarse sin esfuerzo?

4.5 Gestionando las interrupciones: Manteniéndose en la senda correcta

Antes de comenzar, distingamos dos términos: distracciones y multitarea, que provienen de nuestras propias acciones, e interrupciones, que tienen su origen en fuentes externas.

Tanto las distracciones como la multitarea representan amenazas significativas para nuestra mente y productividad. En cualquier entorno laboral, ya sea colaborativo o individual, las interrupciones son inevitables. Cuando somos responsables de gestionar un equipo, las interrupciones se convierten en un desafío aún mayor, ya que afectan tanto a las personas a nuestro cargo como a nosotros mismos.

Tenga en cuenta las siguientes consecuencias de las interrupciones:
- Prolongación de las tareas: Por ejemplo, una tarea de una hora puede acabar tomando una hora y media.
- Listas de tareas más complicadas: Las interrupciones añaden más demandas a una lista ya de por sí exigente.
- Aumento del estrés y la ansiedad: Las distracciones constantes nos abruman y nos cargan.
- Interrupción del flujo de ideas: Nuestra chispa, ideas y creatividad se desvanecen.
- Ritmo de trabajo obstaculizado: El progreso se ve impedido, lo que nos impide avanzar de manera eficaz.
- Tentación de abandonar tareas en curso: Se introducen nuevas tareas, dejando otras cuestiones sin terminar.
- Impacto negativo en el estado de ánimo: Las intervenciones nos desalientan, frustran y molestan.

Considere implementar una hora dedicada cada día durante la cual las interrupciones estén estrictamente prohibidas, salvo que sean urgentes. Durante esa hora, no se deben atender preguntas, dudas, solicitudes o comentarios que interrumpan el flujo de trabajo. Opte por programar esta hora al comienzo del día, para permitir que todos inicien su trabajo con una mentalidad ganadora. Acoja una hora de máxima concentración, permitiendo a todos enfocarse en sus tareas y alcanzar resultados impactantes.

Cuanto más dure una interrupción, mayor será el impacto negativo. Una interrupción prolongada se traduce en una mayor duración para completar la tarea inicial, acompañada de pérdida de ideas, creatividad, una mayor probabilidad de cambiar a otra tarea y un aumento en la posibilidad de cometer errores.

A continuación, se presentan algunas medidas para reducir o gestionar las interrupciones:

Identifica a los principales disruptores: Dedica unos minutos a evaluar tu rutina diaria e identifica los elementos o personas que frecuentemente interrumpen tu trabajo. Reconoce a los disruptores más significativos.

Comparte tu rutina: Es fundamental que los clientes o proveedores conozcan los horarios específicos en los que pueden contactarte, asegurando un servicio óptimo. Si bien tu disponibilidad es importante, tu capacidad para concentrarte y completar tareas tiene prioridad.

Resiste la tentación de ceder a las interrupciones: Detrás de cada interrupción suele haber otra tarea o actividad que nos tienta a iniciarla.

La prioridad en ese momento es terminar lo que estábamos haciendo inicialmente y evitar dejarlo a medias. A menos que sea estrictamente necesario atender la nueva tarea, anótela y abórdela más tarde, sin ceder a la multitarea.

Utilice una comunicación concisa y directa: Durante una interrupción, oriente la conversación para que sea lo más breve, clara y precisa posible. Si la persona tiende a divagar o salirse del tema, redirija el diálogo hacia el punto que le interesa: "Por favor, dígame qué necesita y cuándo lo necesita".

Aprende a decir 'Sí, pero no': Si alguien te invita a detenerte y cambiar de actividad, intenta negociar un breve retraso. Solicita los 10 o 15 minutos que necesitas para terminar la tarea actual, pero no la dejes inconclusa. Comunica: 'Estoy en medio de algo importante. Dame solo 15 minutos y estaré disponible para ayudarte'.

Ejercicio: Practicar la técnica del "Sí, pero no"

La técnica del "Sí, pero no" es una estrategia sumamente eficaz para minimizar interrupciones. Aborda de manera ingeniosa situaciones en las que otra persona considera que su asunto es urgente, aunque en realidad puede no serlo. Al aplicar esta técnica, puedes posponer la conversación o consulta el tiempo suficiente para terminar tu tarea actual antes de atender a esa persona.

En este ejercicio, te invito a practicar la implementación de esta estrategia siempre que te encuentres inmerso en una tarea y alguien te interrumpa con la típica pregunta: "¿Tienes un minuto?". Sigue estos pasos:

- Responde de manera positiva y enfática: Cuando te aborden, di: "Sí, tengo un minuto, pero no ahora." Hazlo con una sonrisa amigable y un tono seguro.

- Muestra inmediatamente la tarea en la que estás trabajando: Asegúrate de mostrar visualmente el trabajo en el que estás inmerso para que la persona comprenda que dejarlo sin terminar no sería práctico.

- Ofrece una alternativa: Al mismo tiempo, proporciona a la persona que te interrumpe una sugerencia o propuesta para abordar su inquietud. Por ejemplo, podrías decir: "Cuando termine esta tarea en aproximadamente 10 minutos, iré a tu escritorio y podremos hablarlo en detalle." Alternativamente, puedes proponer una reunión después del almuerzo.

- Vuelve rápidamente a tu tarea: Por último, retoma de inmediato lo que estabas haciendo para asegurarte de mantener el ritmo y la concentración sin sufrir interrupciones significativas.

4.6 Finalizar con éxito: Potenciar la finalización de tareas

El hábito de finalizar tareas es un aspecto crucial de la productividad. Requiere determinación, enfoque y un firme compromiso con alcanzar nuestros objetivos. En lugar de esperar, tomamos la iniciativa y trabajamos proactivamente para completar nuestras tareas. Para garantizar la eficiencia, planificamos y seleccionamos cuidadosamente las tareas según su valor. Utilizamos de manera inteligente nuestros recursos personales, avanzando cada día. Al eliminar distracciones y evitar la multitarea, optamos por concentrarnos intensamente en una tarea a la vez, asegurando un trabajo de alta calidad.

Las tareas sin terminar pesan en nuestra mente y generan estrés y sobrecarga. Como profesionales, nuestra capacidad de crecer y avanzar depende de nuestra habilidad para completar tareas. Cuantos más frentes abiertos y tareas incompletas tengamos, más lento será nuestro progreso. Como resultado, nuestra concentración, intensidad y capacidades se ven mermadas.

Si bien comenzar algo nuevo puede ser tentador y dar una sensación de actividad, existe algo aún más poderoso: terminar.

El estrés no surge de tener mucho trabajo que hacer, sino de tener tareas a medio hacer, iniciadas y sin finalizar. Las personas productivas y exitosas, que destacan en muchos ámbitos, comparten un rasgo común: gestionan su trabajo y sus negocios con una filosofía poderosa de invertir más tiempo y energía en finalizar que en comenzar.

Las tareas iniciadas, pero no terminadas, los proyectos a medio completar, los frentes abiertos y los cabos sueltos son importantes limitaciones en nuestra vida profesional. Actúan como frenos, desviando nuestra atención de lo que deberíamos hacer a continuación y obligándonos a enfocarnos en asuntos pendientes.

¿Por qué no está terminado? ¿Qué falta? ¿Cuáles son las próximas acciones? Hasta que no terminemos una tarea, no podemos concentrarnos plenamente en la siguiente. Si bien empezar es inevitable, terminar es esencial.

Para cultivar el hábito de finalizar, necesitamos fijarnos un objetivo claro: terminar. Aunque desarrollar este hábito puede ser un reto, se puede lograr gradualmente a través de la práctica constante de los siguientes gestos y rutinas:

Al final de cada día: Mientras hacemos nuestra lista de tareas para el día siguiente, priorizamos aquellas que podemos completar. Aunque estas tareas requieran varios días, las dividimos en subtareas manejables y nos enfocamos en finalizar la porción correspondiente al día siguiente.

Durante la jornada laboral: Cuando terminamos una tarea y estamos a punto de empezar una nueva desde cero, hacemos una pausa y reflexionamos sobre si hay alguna tarea a medio terminar que podamos completar en ese momento. Si no la hay, procedemos con la nueva tarea.

Al menos una vez por semana: Realizamos una revisión exhaustiva de todos nuestros proyectos y compromisos, identificando cualquier tarea sin terminar o a medio hacer. Asignamos de inmediato las acciones necesarias que nos permitan completar dichas tareas.

Al dirigir nuestra atención a una sola tarea a la vez, comprendemos que nuestra mente tiene un compromiso y un objetivo claro: terminarla. Con múltiples tareas simultáneamente exigiendo nuestra atención, es fácil dejarlas incompletas.

Ejercicio: Reflexión sobre la productividad personal

Toma una hoja de papel y revisemos los aspectos clave que acabamos de explorar. Dedica un momento a reflexionar sobre cada uno de ellos individualmente y pregúntate las siguientes tres preguntas:

- Evaluación: En una escala del 1 al 10, ¿cómo te evaluarías en cuanto a esta característica específica?

- Reflexión: ¿Qué te impide avanzar en esta área particular? ¿Qué elementos te faltan actualmente?

- Plan de acción: ¿Qué acciones o pasos concretos te comprometerás a seguir a partir de ahora para lograr el cambio deseado?

5. Manejar urgencias y reducir el estrés

"No puedes calmar la tormenta, así que deja de intentarlo. Lo que puedes hacer es calmarte a ti mismo. La tormenta pasará."
- Timber Hawkeye

Imagina que emprendes un viaje por carretera de una ciudad a otra, deseando con ansias unas vacaciones. Salimos temprano por la mañana, llenos de entusiasmo por el trayecto que tenemos por delante. Las primeras etapas del viaje transcurren sin problemas, pero tras una hora de conducción, nos encontramos con un contratiempo inesperado: un pinchazo en una rueda. Obligados a detenernos, comenzamos a sentir frustración y agitación al darnos cuenta de que nuestro viaje ha sido interrumpido. Sin embargo, nos recompensamos y nos disponemos a cambiar la rueda.

Como no somos expertos en cambiar ruedas, el proceso nos lleva tiempo y esfuerzo. No obstante, con perseverancia y determinación, finalmente lo logramos, sintiendo una oleada de orgullo por nuestro logro. Sin embargo, a pesar de haber resuelto el problema inmediato, debemos reconocer que no hemos avanzado en nuestro plan original para el viaje. El retraso causado por el incidente con la rueda nos ha hecho perder varias horas. Cambiar la rueda era necesario, pero no debemos engañarnos pensando que resolver cuestiones urgentes equivale a avanzar en nuestro proyecto. Esta es una de las falacias más importantes que las urgencias nos hacen creer.

Sin embargo, existe un engaño aún mayor al que caemos frecuentemente: el atractivo engañoso de las urgencias falsas. Es precisamente este fenómeno el que exploraremos en este capítulo.

En el mundo acelerado de hoy, la forma en que nos comunicamos y el uso inadecuado de ciertas herramientas han transformado muchos asuntos rutinarios en tareas "urgentes", tanto en nuestra vida profesional como personal. Como consecuencia, nos encontramos inundados de innumerables eventos imprevistos y urgencias falsas que nos engañan y nos llevan a tomar decisiones erróneas.

¿Alguna vez te has encontrado corriendo impulsivamente para completar tareas que podrían haber esperado? ¿Has dejado proyectos a medio terminar, abandonando el plan de trabajo y los objetivos definidos solo el día anterior? ¿Te has convertido en un profesional reactivo, abordando constantemente asuntos urgentes mientras descuidas tus metas a largo plazo? Si gestionas un equipo, ¿has transmitido sin saberlo esta sensación de urgencia a tus compañeros? Es crucial que profundicemos en la raíz de este problema y aprendamos a distinguir entre imprevistos genuinos y urgencias fabricadas. Necesitamos aplicar este conocimiento no solo en teoría, sino en el día a día, donde vivimos y trabajamos.

En este capítulo, examinaremos:
- Urgencias: Exploraremos las principales fuentes de urgencias, que a menudo surgen por una gestión laboral inadecuada, una planificación deficiente o la falta de control sobre los plazos.
- Falsas urgencias: Adquiriremos técnicas prácticas para evitar caer en las urgencias falsas. Descubriremos que detrás de cada urgencia percibida o contratiempo hay una lección valiosa, que contribuye a nuestro crecimiento y desarrollo como profesionales.

5.1 Navegar por eventos imprevistos y urgentes

En el trabajo, a menudo nos encontramos con numerosos imprevistos, muchos de los cuales inicialmente parecen urgentes, pero en realidad son falsas urgencias. Es importante diferenciar entre estos imprevistos y las urgencias genuinas, ya que no hacerlo conduce a tareas sin terminar y una priorización errónea. Vamos a explorar la diferencia entre estos términos:

Un imprevisto es un acontecimiento inesperado que requiere nuestra atención para rectificar o resolver algo que no habíamos anticipado. Sin embargo, considerando nuestra carga de trabajo o los plazos de entrega, es algo que puede esperar; tal vez una hora, hasta más tarde en el día, o incluso hasta el día siguiente o en otro momento. Aunque necesita acción, no demanda atención inmediata.

Por otro lado, una urgencia también surge inesperadamente, obligándonos a dejar todo para atenderla con la máxima prioridad. Esto puede deberse a una limitación de tiempo o a las posibles consecuencias graves si no se gestiona rápidamente, lo que podría afectar a otros.

Si bien existen urgencias genuinas en el trabajo, no son tan frecuentes como solemos creer o nos hacen creer. A menudo interpretamos o comunicamos casi todo como urgente, incluso cuando no lo es realmente. ¿Te suenan familiares estas expresiones?
- "Lo necesito ahora".
- "Esto es muy urgente".
- "Voy con mucha prisa".
- "Esto era para ayer".

Estas frases encubren un problema significativo para nosotros: sucumbir a las urgencias falsas, lo que a la larga obstaculiza nuestra productividad diaria.

Cada día, nos vemos atrapados en un torbellino de llamadas, citas, mensajes, reuniones, interrupciones, tareas y encargos; lo que lleva a más llamadas, más mensajes y más prisas. Se vuelve cada vez más complicado tomar las decisiones correctas y distinguir claramente entre imprevistos y urgencias genuinas.

Imagina que eres arquitecto y tienes el objetivo de construir un piso de un edificio cada día. Este es el resultado que esperas y lo que te motiva. Un día, mientras trabajas en el décimo piso, se desata un incendio en el tercer piso. Naturalmente, tu obligación inmediata es atender esta situación urgente sin demora. Nadie puede cuestionar tus acciones en ese momento. Sin embargo, no era tu tarea asignada. Mientras apagas el fuego, no puedes concentrarte en tu verdadero trabajo, que es construir el edificio.

Indudablemente, una urgencia real debe atenderse. Pero no nos engañemos; debido a esta urgencia, hemos detenido temporalmente nuestro trabajo real, al igual que otros que podrían estar involucrados. Imagina si esto ocurre varias veces al día, todos los días.

El desafío radica en discernir rápidamente entre ambos en el trabajo. Sin embargo, no hay motivo para preocuparse; podemos confiar en la siguiente fórmula práctica. Cuando nos enfrentemos a una supuesta urgencia: Detente y tómate un momento.

No te apresures a actuar o a tomar decisiones inmediatas. En su lugar, permite que la posible urgencia se enfríe. En la mayoría de los casos, estas situaciones parecen urgentes al principio, pero se disipan tras reflexionar. Resiste dejarte llevar por la sensación de urgencia o por la ansiedad de quien la presenta. Solo se necesitan 20 o 30 segundos para dejar que la situación se enfríe y practicar un hábito cada vez más olvidado: pensar antes de actuar.

Este proceso de pensar implica realizar un análisis en el momento. Hazte una serie de preguntas que te ayuden a identificar la verdadera naturaleza de la situación. Estas preguntas actúan como filtros, permitiéndonos determinar si es un imprevisto que puede anotarse para más tarde o una urgencia genuina que requiere atención inmediata.

Para navegar estas situaciones de manera efectiva, he diseñado un conjunto de preguntas-filtro que nos ayudan a priorizar y maximizar nuestra productividad:

- ¿Esto realmente me obliga a dejar todo ahora mismo?
- ¿Qué ocurre si no lo hago o no lo atiendo ahora?
- ¿Cuánto margen de tiempo tengo para hacerlo?
- ¿Necesito que alguien más lo solucione o puedo hacerlo yo solo?
- ¿Es algo que conozco y domino, o es algo que nunca he hecho antes?

Ejercicio: Desarrollar nuestro guion

Realicemos el siguiente ejercicio para crear nuestro propio guion:

- Revisa y evalúa cada uno de los pasos y consideraciones descritos en la fórmula práctica que acabamos de discutir.

- Ahora, toma una hoja de papel y empieza a elaborar tu propio "guion" de comprobaciones, filtros o criterios a los que te referirás de manera constante cuando te enfrentes a la necesidad de diferenciar entre tareas imprevistas y urgentes.

- Este guion personalizado te servirá como un manual de referencia rápida para consultar cada vez que recibas un mensaje aparentemente urgente, pero tengas dudas sobre su verdadera importancia.

Es importante destacar la necesidad de repetir este ejercicio. Al practicarlo varias veces, desarrollarás gradualmente el hábito de pensar con anticipación. Como resultado, experimentarás los efectos extraordinarios de no sucumbir a las falsas urgencias.

5.2 Método para manejar urgencias

Nos encontramos en medio de un día productivo de trabajo, avanzando diligentemente con nuestra lista de tareas. De repente, aparece una tarea inesperada en nuestro escritorio. Después de tomarnos un momento para calmarnos y evaluar la situación, nos damos cuenta de que no es una cuestión urgente que requiera atención inmediata, sino algo que debería abordarse lo antes posible.

Ahora, necesitamos reflexionar sobre cómo manejar estos momentos de manera efectiva. ¿Cómo gestionamos esta nueva tarea y la priorizamos adecuadamente? ¿Qué debemos hacer con las otras tareas que teníamos planificadas para el día? ¿Cómo podemos reorganizar nuestra agenda y nuestras tareas para minimizar el impacto de este imprevisto?

Desafortunadamente, la mayoría de las personas reaccionan de manera impulsiva en estas situaciones, tomando decisiones precipitadas que no solo desbaratan sus planes de trabajo, sino que también ponen en peligro los objetivos que están tratando de alcanzar. Cuando nos enfrentamos a un imprevisto o urgencia, es crucial responder siguiendo una serie de criterios productivos; un enfoque más inteligente para proceder.

Al seguir un enfoque metódico, podemos mantener nuestra agilidad (lo que nos permite responder con prontitud y evitar perder tiempo), mientras logramos dos objetivos importantes:
- Atender la nueva tarea o sorpresa rápidamente.
- Reajustar nuestro plan de trabajo para preservar los resultados y cumplir con nuestros objetivos.

Para gestionar eficazmente un evento imprevisto, sigue este plan paso a paso:

Paso 1: Estudiar y reajustar nuestra planificación

Cuando surge una nueva tarea, debemos reorganizar las tareas restantes manteniendo tres objetivos en mente:
- Completar la nueva tarea o encargo que acabamos de recibir.
- Asignar tiempo dentro del día para acomodar la nueva tarea redistribuyendo el tiempo de otras actividades.
- Asegurarnos de que nuestras tareas clave, las 2 o 3 más importantes del día, no se vean comprometidas.

Paso 2: Preservar nuestras tareas clave

Posponer nuestras tareas más cruciales significa retrasar su impacto y sus resultados, lo cual es contraproducente. Si estábamos en medio de una tarea principal cuando llegó la "urgencia", no debemos dejarla sin terminar.

Toma nota de todos los detalles relacionados con la nueva tarea, y luego vuelve rápidamente a tu tarea principal. Enfócate en completarla con la máxima concentración e intensidad.

Paso 3: Evaluar y reprogramar otras tareas

Analiza las tareas menores restantes que tenías planificadas para el día, prestando especial atención a dos categorías:
- Tareas y rutinas que forman parte de nuestra repetición diaria.
- Otras tareas menores que estaban programadas para el día.

Considera si estas tareas pueden posponerse y moverse a otro día, posiblemente al día siguiente. Estas son las tareas que pueden sacrificarse.

Paso 4: Acortar las tareas restantes

Es probable que no sea factible reprogramar todas las tareas del día, como leer todos los mensajes recibidos, por ejemplo. En estos casos, haz un esfuerzo por condensar y agilizar estas tareas tanto como sea posible. Esto creará tiempo adicional que podrás dedicar a la nueva tarea urgente o inesperada.

Paso 5: Delegar o compartir la tarea

Si, después de intentar los pasos anteriores, aún no encuentras el tiempo necesario para abordar el imprevisto, queda una última opción: compartir la tarea con un colega o delegar parte de nuestra carga de trabajo del día a un colaborador. Es posible que puedan ayudarte con las tareas menores programadas para el día, echar una mano con el imprevisto o distribuir la carga de trabajo entre varios miembros del equipo.

Ejercicio: Tu última urgencia

Te propongo el siguiente ejercicio para mejorar tu productividad:

- Toma una hoja de papel y redacta, en uno o dos párrafos, la situación urgente más reciente que hayas encontrado ya sea en el trabajo o en tus proyectos. Hazlo de inmediato.

- A continuación, dedica unos minutos a analizar detenidamente la situación respondiendo las siguientes preguntas:

Preguntas:

- ¿Cómo respondiste y qué decisión tomaste?

- ¿Dejaste alguna tarea sin terminar?

- Reflexionando sobre la metodología que acabas de aprender, ¿crees que reaccionaste de la manera más adecuada y apropiada posible?

- Si la situación se repitiera, con el conocimiento recién adquirido, ¿cómo la abordarías?

5.3 Identificar el origen de las urgencias

Las urgencias no son simplemente situaciones que surgen de accidentes o factores fuera de nuestro control. En realidad, a menudo se deben a una gestión inadecuada del trabajo. Es fundamental que exploremos las causas detrás de estas urgencias, no para buscar culpables, sino para identificar sus orígenes.

Comprender las causas y por qué ocurren las urgencias es el primer paso para corregirlas y adoptar un estilo de trabajo más eficiente, que es lo que aspiramos lograr. Esta búsqueda no solo tiene que ver con mejorar nuestra calidad de vida, aunque eso ya es una razón poderosa. También se trata de prevenir un problema que afecta a un número cada vez mayor de personas que, sin darse cuenta, han pasado de desempeñar su rol previsto a convertirse en bomberos constantes.

Como profesional, tu misión principal es construir y materializar ideas. Sin embargo, si te encuentras constantemente apagando fuegos y siendo arrastrado por una avalancha de mensajes, ¿cuándo tendrás tiempo para centrarte en tus responsabilidades clave?

Profundicemos en el concepto de urgencias. Estas pueden clasificarse en dos tipos distintos:

- Auto-urgencias: Son situaciones que generamos involuntariamente y que complican nuestro día o interrumpen nuestros planes y objetivos.
- Urgencias que afectan a otros: También son situaciones que tienen su origen en nuestras acciones, pero que repercuten en otras personas.

Como puedes ver, hablamos de situaciones intangibles que nos ocurren o que incluso provocamos nosotros mismos. Las urgencias suelen surgir debido a una o más de las siguientes razones, que a menudo ocurren de manera simultánea:

Planificación individual deficiente o inexistente: Esto tiende a afectar a personas que no tienen el hábito de organizar y planificar su trabajo. Sin una evaluación periódica de su progreso a diario y semanalmente, se encuentran constantemente intentando recuperar el tiempo perdido. Esto genera olvidos, falta de previsión, entregas retrasadas y plazos incumplidos.

Mala gestión de las fechas y plazos: Las tareas sin fechas de entrega asignadas son bombas de tiempo. Aunque algunas puedan parecer insignificantes, con frecuencia nos encontramos aplazándolas indefinidamente. Sin embargo, cuando llega el momento de la verdad, nos vemos obligados a completarlas de manera apresurada y desordenada.

Exceso de confianza y relajación con respecto a los plazos: Debemos erradicar la frase "tenemos tiempo de sobra" de nuestro vocabulario, ya que es una trampa peligrosa. Con numerosas tareas a nuestro cargo, tanto presentes como futuras, podemos sentir que disponemos de mucho tiempo. Sin embargo, en el fondo, sabemos que no es así. En realidad, los plazos en nuestras vidas son la mitad de indulgentes de lo que solemos pensar.

Procesos mal definidos o inexistentes: Ya sea interna o externamente, a menudo no establecemos acuerdos claros con los demás sobre cómo ejecutar las tareas, gestionar proyectos y abordar cambios, retrasos o imprevistos. Esta falta de comunicación hace que personas clave no reciban las tareas a tiempo o, peor aún, que se queden en un limbo sin ser atendidas.

Mala comunicación: Esto ocurre cuando nuestras solicitudes o consultas no se transmiten de manera efectiva, lo que genera malentendidos y complicaciones posteriores. Ejemplos de mala comunicación incluyen plazos mal comunicados o expresados de manera débil, instrucciones incompletas o expectativas ambiguas, y mezclar varios temas en órdenes confusas, lo que ocurre frecuentemente en mensajes escritos.

Ejercicio: Evitar urgencias

Acabamos de discutir las cinco causas más comunes de urgencias y desajustes en el entorno laboral. Sin embargo, aún no hemos explorado cómo prevenirlas. En este ejercicio, abordaremos juntos este desafío. Te doy algunas pistas, y tu tarea será completar el resto.

Planificación individual deficiente o inexistente:

- ¿Puedes idear una estrategia para evitar una planificación deficiente o inexistente? Tómate un momento para escribirla en un papel.

Mala gestión de fechas y plazos:

- Asigna fechas específicas a todas las tareas que anotes, siempre que sea posible.

- Revisa regularmente tus plazos.

- Anticipa y evita dejar las tareas para el último minuto, especialmente cuando involucren dependencias externas que requieran aviso previo.

Exceso de confianza y relajación con los plazos:

- ¿Puedes proponer una idea para abordar este problema? Anótala para recordarla más adelante.

Procesos mal definidos o inexistentes:

- Establece y acuerda un proceso claro para tareas y encargos recurrentes que involucren a varias personas. Este proceso debe detallar los pasos necesarios desde el inicio hasta la finalización.

Mala o inexistente comunicación:

- Cuando realices solicitudes o pidas información, asegúrate de que tu comunicación sea clara y sin ambigüedades, reduciendo las posibilidades de malentendidos. A continuación, algunos ejemplos para tener en cuenta:

  o Comunica claramente los plazos o fechas de entrega, resaltando su importancia.

  o Proporciona instrucciones detalladas y establece expectativas claras.

  o Evita mezclar varios temas en mensajes escritos, ya que suele generar confusión.

  o Comunica de forma oportuna cualquier cambio o retraso en las fechas a las personas correspondientes.

5.4 Aprender de cada urgencia: Construir resiliencia

Antes de concluir este capítulo, exploremos uno de los secretos más importantes de la productividad, una práctica que, lamentablemente, pasa desapercibida para muchas personas: el análisis posterior a un imprevisto o una situación de urgencia. En el ámbito laboral, la mayoría de los imprevistos y urgencias que ocurren suelen quedar sin resolución completa por parte de nosotros o de quienes están involucrados. Es precisamente por eso que, tras una urgencia, es esencial tomarse unos minutos para hacer una pausa, analizar la situación y extraer lecciones valiosas de la experiencia.

Las urgencias no son acontecimientos aleatorios o accidentes. A menudo son el resultado de una coordinación inadecuada, mala comunicación, malentendidos, gestión deficiente, falta de anticipación o procrastinación.

Cuando surge una urgencia, nuestro enfoque inmediato se centra en resolverla lo más rápido posible, y con razón. La resolución diligente debe ser nuestro objetivo principal ante una urgencia real.

Sin embargo, una vez que la urgencia ha pasado, la mayoría de las personas no toman ninguna medida adicional. El patrón habitual de los eventos sigue esta secuencia:
- Observación
- Sorpresa
- Enfado
- Reacción
- Solución

La pregunta que debemos hacernos es, ¿por qué sigue ocurriendo esto? Si no nos detenemos a reflexionar, si no nos tomamos el tiempo de investigar las razones detrás de lo ocurrido, es muy probable que la misma situación se repita en una semana o en un mes, sumiéndonos en un ciclo interminable de apagar incendios y perpetuando nuestros patrones improductivos año tras año.

Los eventos suceden, pero no aprendemos de ellos. Se repiten, y volvemos a cometer los mismos errores. Tropezamos de nuevo. Y otra vez. Y con cada repetición, la frecuencia y magnitud de nuestras caídas aumentan.

El ciclo de productividad en tu trabajo debe seguir siempre este patrón:
- Objetivos
- Prioridades y tareas
- Ejecución y rendimiento
- Evaluación y ajustes
- Repetir

Cuando te enfrentes a una urgencia hoy o en el futuro y consigas resolverla, tómate un momento para plantearte las siguientes preguntas:
- ¿Cuál fue la causa raíz de esta discrepancia o urgencia?
- ¿Estás seguro de que fue una urgencia genuina, o te dejaste llevar por una falsa alarma?
- ¿Te afectó solo a ti o también a otros miembros de tu equipo o entorno?
- ¿Qué consecuencias tuvo sobre tu trabajo y los resultados generales?

- ¿Reaccionaste de la manera más efectiva, manteniendo la compostura y analizando la situación a medida que avanzabas?
- ¿Completaste la tarea o la dejaste inconclusa a pesar de la urgencia?
- Al reprogramar tu día, ¿priorizaste las tareas esenciales y reprogramaste o eliminaste las tareas menores y accesorias?
- A pesar de la urgencia, ¿lograste alcanzar los objetivos y resultados que te habías propuesto?
- ¿Cuáles son las lecciones y conclusiones más importantes que puedes extraer de esta experiencia?

Ahora llegamos a la fase más crucial de este proceso de análisis y aprendizaje:
- Acciones: ¿Qué cambios implementarás para evitar que estos eventos se repitan?
- Ajustes: ¿Qué modificaciones harás en tu comunicación, herramientas o flujo de trabajo?

Ejercicio: Aplicar las lecciones de urgencias anteriores

Pongamos en práctica lo que acabamos de aprender. Reflexiona sobre tu encuentro más reciente con una situación urgente o una tarea imprevista, y hazte las mismas preguntas que hemos discutido anteriormente. Tómate un momento para anotar tus conclusiones en una hoja de papel. Puedes optar por hacer una lista, un diagrama o incluso utilizar un mapa mental, el método que mejor te funcione.

Entre los diversos puntos a considerar y las preguntas que debes responder, presta especial atención a los siguientes aspectos clave:

- Identificar la causa raíz: ¿Cuál fue el factor principal que condujo a esta sensación de urgencia o al desajuste en primer lugar?

- Extraer lecciones y conocimientos: ¿Qué lecciones valiosas puedes extraer de la experiencia que viviste? ¿Qué conclusiones puedes sacar?

- Implementar cambios: ¿Cómo puedes ajustar de forma proactiva tu enfoque para evitar que situaciones similares ocurran en el futuro?

6. Gestionar reuniones y aumentar la eficiencia

"La clave del éxito en las reuniones no es solo gestionar el tiempo, sino también la energía y el enfoque de los participantes." – Richard Branson

No podemos trabajar sin reuniones, pero sin duda podemos prescindir de la mayoría de ellas. ¿Te has dado cuenta de cuál es el mayor error? Creer que las reuniones no tienen un coste, que son gratis.

En realidad, las reuniones suponen un gasto financiero considerable. Aunque programarlas sea gratuito, realizarlas resulta muy costoso. Piensa en esto: las reuniones son un componente fundamental tanto de la colaboración interna del equipo como de las interacciones con partes interesadas externas. En consecuencia, nos encontramos participando en innumerables reuniones cada año.

Lamentablemente, tenemos un conocimiento limitado sobre cómo llevar a cabo reuniones productivas y, lo que es aún más importante, cómo traducir las discusiones en acciones concretas para el futuro. Las reuniones bien ejecutadas son bloques fundamentales para el éxito de nuestros proyectos y, en última instancia, impactan en nuestros resultados generales. Actualmente, la mayoría de las reuniones son improductivas y desperdician un valioso tiempo y recursos. Ocurren en exceso, carecen de una ejecución adecuada, a menudo se repiten innecesariamente y, por lo tanto, obstaculizan nuestra creciente necesidad de tiempo. Este problema generalizado afecta a todos por igual.

Nuestro objetivo es corregir los errores comúnmente cometidos en las reuniones y transformarlas en uno de los secretos clave para nuestro éxito profesional.

En este capítulo, vamos a:
- Explorar algunos de los errores más frecuentes en las reuniones junto con sus principales consecuencias.
- Aprender los principios esenciales para llevar a cabo reuniones altamente productivas.
- Familiarizarnos con dos tipos cruciales de reuniones en el entorno laboral: la reunión semanal de planificación y revisión, y las reuniones exprés.

6.1 El impacto de las reuniones: Maximizar el tiempo y los resultados

Las reuniones no solo son una herramienta valiosa en el lugar de trabajo, sino que también pueden ser un peligro potencial si no se utilizan de manera efectiva. Cuando están bien enfocadas, pueden ser útiles y beneficiosas. Sin embargo, cuando se ejecutan mal y se programan en exceso, se convierten en un arma destructora de productividad. En este capítulo, analizaremos las razones detrás del abuso de las reuniones y exploraremos cómo pueden transformarse en un poderoso activo para tu productividad.

Es necesario preguntarse por qué se produce el uso indebido de las reuniones de manera tan generalizada. A menudo sirven como una solución conveniente para compensar otros problemas organizativos, como una estructura interna deficiente, una mala distribución y asignación de tareas, y el descuido de otros canales de comunicación alternativos. Además, el placer que algunas personas obtienen de las reuniones también contribuye a su abuso e ineficiencia.

Es crucial reconocer el profundo impacto que tienen las reuniones tanto en ti como en los demás. Una reunión, por sí sola, tiene poco valor. Solo transformando el tiempo asignado, ya sea una hora o una hora y media, en algo productivo, surge su verdadero valor. No hacerlo puede generar efectos acumulativos importantes que afectan a todos los involucrados.

Reflexión personal: Tómate un momento para reflexionar sobre tus propias experiencias con las reuniones:
- ¿Alguien te ha explicado realmente el propósito y la importancia de una reunión?
- ¿Eres consciente de la influencia que tienen en tu flujo de trabajo diario?
- ¿Reconoces la cantidad de tiempo y energía que consume cada reunión?
- ¿Sabes distinguir entre los diferentes tipos de reuniones y sus respectivos propósitos?
- ¿Comprendes el coste financiero asociado a las reuniones?
- ¿Abordas las reuniones con una preparación exhaustiva?
- ¿Eres capaz de observar de manera tangible los resultados y el impacto de cada reunión a la que asistes?

Si bien es cierto que algunas reuniones son esenciales, también es cierto que muchas pueden evitarse. Es desalentador presenciar el entusiasmo y la complacencia con los que se convocan y se asisten a reuniones, incluso cuando no son necesarias. Como profesional, es vital que reconozcas este hecho: debes minimizar la cantidad de reuniones y maximizar la efectividad de las que se celebren.

Es fundamental dominar los secretos de la realización de reuniones exitosas para liberar su verdadero potencial. Con una preparación meticulosa, una ejecución eficiente y un cierre adecuado, las reuniones pueden convertirse en poderosas herramientas para lograr el éxito. Sin embargo, dominar el arte de las reuniones productivas requiere aprender y perfeccionar las habilidades necesarias.

En los próximos capítulos, profundizaremos en las técnicas y estrategias que transformarán tus reuniones de obligaciones que consumen tiempo en catalizadores de productividad. Recuerda, la clave no está en eliminar por completo las reuniones, sino en utilizarlas con moderación y eficacia. Emprendamos juntos este viaje, descubriendo los secretos para hacer que las reuniones trabajen a tu favor.

6.2 Efectos de las reuniones: Evaluando su eficacia

En este capítulo, profundizamos en los notables efectos que las reuniones pueden tener en nuestra productividad, observando de primera mano lo que experimentamos cualquier día cuando participamos en ellas.

Las reuniones disminuyen los recursos personales que necesitamos para alcanzar nuestros objetivos, es decir:
- Tiempo: Cada día, cuando nos involucramos en una o dos reuniones, sacrificamos un tiempo valioso que podría estar dedicado a tareas tangibles que nos permiten avanzar y lograr progreso.

- Energía: Las reuniones a menudo nos dejan agotados y fatigados, actuando como gigantescas aspiradoras que drenan nuestro entusiasmo y motivación.

Estar plenamente presentes y atentos durante las discusiones requiere una parte significativa de nuestro enfoque, dejándonos sin la capacidad de atención necesaria para otras tareas que tienen un mayor impacto.

Una reunión de una hora que involucra a cinco personas consume, en total, cinco horas de tiempo combinado. Cada participante, ya sea de manera presencial o por videoconferencia, invierte una hora de su propio tiempo, lo que genera un coste directo que no se puede pasar por alto. Las reuniones limitan nuestra capacidad para realizar otras actividades: cada vez que proponemos o programamos una reunión, es crucial considerar el coste de oportunidad que esto implica.

Pregúntate a ti mismo: ¿Qué tendré que sacrificar al asistir a esta reunión? Puede que sea algo imprescindible e incluso el evento más importante del mes. Sin embargo, aceptarla impulsivamente podría poner en peligro otras tareas que tienen un impacto mucho mayor.

Las reuniones pueden generar frustración y confusión:
- Frustración: A menudo, los participantes llegan sin preparación, se enredan en discusiones improvisadas, se desvían del tema principal y, al final, no logran establecer acciones concretas.
- Confusión: La falta de claridad sobre las responsabilidades asignadas y los plazos puede generar problemas y urgencias futuras.

Las reuniones son simplemente herramientas, comparables a los mensajes o una grapadora. Aunque juegan un papel en nuestra vida profesional, participar en numerosas reuniones no es lo que impulsa nuestro éxito.

Ejercicio: Revisando tus reuniones recientes

Realicemos el siguiente ejercicio para obtener ideas valiosas:

- Empieza abriendo tu calendario y toma una hoja de papel. En una columna, registra meticulosamente todas las reuniones en las que has participado durante el último mes. Esto incluye no solo reuniones formales, sino también llamadas largas, videoconferencias y cualquier otra instancia que haya evolucionado hacia reuniones sustanciales.

- En la columna adyacente, anota la duración de cada reunión. Una vez que hayas registrado todos los tiempos, calcula el total.

Preguntas para la reflexión:

- En términos generales, ¿percibes estas reuniones como una inversión o un gasto de tu tiempo y recursos?

- Reflexiona sobre lo que has obtenido de estas reuniones y lo que te han quitado. ¿Los resultados son proporcionales a los recursos invertidos?

- Con el tiempo, ¿alguna de estas reuniones podría haberse evitado o acortado? Reflexiona sobre posibles estrategias para optimizar tu participación en reuniones.

- Como profesional comprometido y responsable de un proyecto importante, ¿cuáles son tus conclusiones y reflexiones?

6.3 Evitando errores comunes en las reuniones

En el ámbito de las reuniones, abundan los errores y malos hábitos que, con frecuencia, las transforman en asesinas de la productividad. Tal vez hayas experimentado personalmente este fenómeno. Comprender los errores más comunes es un paso esencial para mejorar las reuniones y convertirlas en lo que deberían ser: una herramienta poderosa para el trabajo colectivo.

Convocar reuniones sin una razón válida: Hay personas cuya respuesta instintiva ante cualquier situación o problema es: "Reunámonos y lo discutimos." Sin embargo, es crucial preguntarse: ¿tiene realmente sentido? ¿Está justificada la inversión de tiempo y recursos personales? ¿Deberíamos reunirnos solo si es absolutamente necesario?

Cada reunión debe tener un objetivo prioritario que justifique la inversión de tiempo de los participantes. De lo contrario, debería descartarse o explorarse métodos alternativos, menos costosos en términos de tiempo.

Falta de un calendario claro: Cuando los temas a tratar en una reunión no están anotados ni definidos, no hay un plan de acción estructurado. Además, los objetivos de la reunión se comunican mal, lo que obliga al organizador a perder tiempo valioso explicando el propósito de la misma. Los asistentes, que llegan sin preparación, tienen que averiguar sobre la marcha lo que se discutirá.

Esta falta de preparación desperdicia tiempo en algo que podría haberse evitado con una convocatoria bien organizada. Utiliza una plantilla estandarizada que obligue a incluir los diferentes puntos de la reunión y sus respectivos objetivos.

Preparación insuficiente: Uno de los errores más prevalentes y significativos es cuando los participantes desconocen los temas a tratar y no se preparan para sus intervenciones. Este trabajo preparatorio debería haberse realizado en los días previos a la reunión. La mayoría de los asistentes no revisan el calendario para preparar informes, presentar conclusiones o aportar diagnósticos valiosos. En consecuencia, terminan improvisando.

Esto genera una pérdida de tiempo, desvíos para formular ideas coherentes y la probabilidad de no contribuir eficazmente. Asigna tareas preparatorias a todos los asistentes, indicándolas claramente en la convocatoria de la reunión. Enfatiza la importancia de completar estas tareas antes del encuentro.

Falta de puntualidad: Este grave problema a menudo depende de los hábitos individuales, la cultura de la empresa o incluso las costumbres nacionales. Por ejemplo, en algunos países es común y, a veces, motivo de broma, que las personas lleguen tarde a las reuniones. Sin embargo, en otros países, la falta de puntualidad se considera completamente poco profesional.

Si una reunión está programada para comenzar a una hora específica, llegar diez minutos tarde cuando ya hay cinco personas esperando en la sala resulta en un retraso de 50 minutos acumulados. Esto equivale a tiempo y recursos desperdiciados antes de que la reunión siquiera haya comenzado. Simplemente es inaceptable.

Una vez que la reunión comience, cierra las puertas para desincentivar el hábito de llegar tarde "solo unos minutos".

Asistentes inapropiados: A veces, personas asisten a reuniones sin aportar nada significativo o relevante. Por el contrario, el personal clave que debería estar presente para resolver problemas o tomar decisiones cruciales está ausente. Esto ocurre cuando la persona que organiza la reunión no selecciona adecuadamente quién debe asistir.

Tan importante como abordar los puntos anteriores es garantizar que solo estén presentes las personas necesarias; ni más ni menos.

Con la lista de temas y sus respectivos objetivos frente a ti, considera:
- ¿Quién realmente necesita estar presente para abordar o resolver estos asuntos?
- ¿Quién puede prescindir de asistir?

Liderazgo deficiente del moderador: La persona responsable de dirigir la reunión tiene la máxima responsabilidad como "propietario de la reunión." El éxito, la mediocridad o el completo desperdicio de tiempo dependen de sus capacidades. Conducir una reunión eficazmente implica lo siguiente:
- Mantener el enfoque en los verdaderos objetivos de la reunión.
- Redirigir la conversación si los participantes se desvían del tema principal.
- Controlar el tiempo empleado y el tiempo restante.
- Involucrar a los asistentes y estimular su creatividad para sacar lo mejor del grupo.

- Saber cuándo intervenir y cortar a aquellos que monopolizan la conversación o se extienden en exceso sobre un mismo argumento.

Incluso si no estás a cargo de la reunión, puedes intervenir proactivamente y aplicar cualquiera de estos puntos. Demuestra tu profesionalidad y madurez diciendo, por ejemplo: "Creo que nos estamos desviando del objetivo principal. ¿Volvemos a centrar nuestra discusión?" Si tienes una buena relación con la persona que lidera la reunión, también puedes informarle sobre el impacto negativo de estos errores.

Permitir distracciones durante la reunión: Usar dispositivos o revisar mensajes durante una reunión no solo es una falta de respeto hacia quien está hablando, sino que también constituye un problema significativo. Las reuniones eficaces requieren la participación plena y activa de todos los asistentes.

Necesitamos que los participantes aporten toda su capacidad, creatividad, intensidad, motivación, lucidez y energía; en resumen, su atención total.

Cada vez más empresas reconocen este problema, y algunas han implementado políticas que prohíben el uso de dispositivos para tomar notas durante las reuniones. Incluso proporcionan bandejas en la entrada de la sala para que los asistentes depositen temporalmente sus dispositivos.

Momento de la reunión: Las reuniones a primera hora de la mañana son particularmente perjudiciales. Tanto tu productividad como la de los demás alcanza su punto máximo en ese momento, por lo que debe dedicarse a tareas clave y actividades de alto valor, en lugar de a meras discusiones. De igual modo, las reuniones al final del día suelen ser improductivas, ya que la claridad mental disminuye, reduciendo las probabilidades de aportar ideas coherentes.

Apunta a momentos del día y de la semana en los que los niveles de rendimiento sean moderados. Las reuniones justo antes del almuerzo suelen funcionar bien, ya que tienden a ser concisas y los participantes van al grano.

Falta de acciones concretas: Uno de los errores más significativos es la falta de especificidad sobre las siguientes acciones. Si no se traducen todas las discusiones y acuerdos en conclusiones claras y tareas accionables, una reunión queda incompleta.

Toda reunión o encuentro debería concluir abordando tres elementos clave:
- Qué debe hacerse: La tarea en cuestión.
- Quién será responsable de llevarla a cabo: La persona asignada.
- Cuándo debe completarse: La fecha o plazo.

Mejora la plantilla de convocatoria de reunión añadiendo tres columnas junto a cada ítem para registrar la discusión:
- Qué
- Quién
- Cuándo

<u>Falta de seguimiento de las tareas:</u> Una reunión puede terminar bien, con conclusiones claras, acuerdos y acciones definidas. Sin embargo, sin el compromiso de hacer seguimiento y documentar estos resultados, la reunión probablemente será improductiva.

Todo lo discutido tiende a olvidarse en pocos días:
- ¿Qué ha pasado con las tareas asignadas a cada persona?
- ¿Cuál es el progreso de esas tareas?
- ¿Cumpliremos con los plazos?
- ¿Existen inconsistencias o conflictos?
- ¿Ha habido cambios imprevistos que impactan a otros equipos?

A medida que avanza la reunión, toma actas simples y distribúyelas posteriormente a través de un breve mensaje con cinco o seis puntos clave. Además, cada persona responsable de las acciones y tareas asignadas debería proporcionar actualizaciones de progreso para su posterior seguimiento, evaluación y análisis.

Ejercicio: Reviviendo tu última reunión

Te sugiero el siguiente ejercicio para mejorar tu productividad:

- Abre tu calendario y localiza la reunión más reciente que hayas tenido, ya sea ayer o a principios de esta semana.

- Cierra los ojos y sumérgete en el recuerdo de esa reunión. Rememora el mensaje o la conversación que la originó, los asistentes que estuvieron presentes, los temas que se iban a tratar, los objetivos establecidos y la importancia de la puntualidad. Pregúntate si estabas lo suficientemente preparado para ella.

- Ahora, transpórtate al momento en que la reunión comenzó. Reflexiona sobre cómo se desarrolló. Revive cada detalle: la puntualidad de los asistentes, las presentaciones, las discusiones y los acuerdos alcanzados. Presta atención a cualquier desviación o conversación improductiva y evalúa la eficacia en la gestión del tiempo.

- Concéntrate particularmente en la conclusión de la reunión. ¿Cuáles fueron las acciones de seguimiento decididas y cuáles las responsabilidades y plazos asignados? Reflexiona sobre la importancia de un seguimiento eficaz.

- Una vez que hayas visualizado y revivido la reunión de forma completa, toma una hoja de papel y responde a las siguientes preguntas:

  - ¿Qué deficiencias o fallos fueron evidentes durante la reunión?

  - ¿Surgieron otros problemas que impactaron negativamente en la reunión?

  - ¿Hasta qué punto contribuiste o participaste en estos errores?

- Con los hallazgos obtenidos y el conocimiento adquirido, crea una lista de 5 cambios que pretendes implementar en tus futuras reuniones.

6.4 Optimización de la reunión semanal

Nuestra reunión semanal es una valiosa oportunidad para que todos los miembros del equipo se reúnan, reflexionen sobre la semana que ha pasado y se enfoquen en la semana que está por venir. Es un momento para la conexión, el análisis, la revisión y, lo más importante, la preparación colaborativa para el trabajo que nos espera.

Cuando se ejecuta de manera efectiva, estas reuniones se convierten en un componente crucial de nuestra estrategia general de coordinación.

Entre los distintos tipos de reuniones, la reunión semanal destaca como la más conocida y utilizada en las empresas y equipos de trabajo. Sin embargo, es importante señalar que la popularidad no equivale a la efectividad.

Aclaramos lo que no es una reunión semanal: no se trata simplemente de un encuentro para intercambiar actualizaciones casuales sobre cómo van las cosas. Para aprovechar verdaderamente su potencial, es fundamental familiarizarse con sus objetivos subyacentes y seguir una agenda bien estructurada.

Estas reuniones juegan un papel clave en la facilitación de la comunicación, la coordinación y la colaboración interna. Para ser más precisos, examinemos los principales propósitos de estas reuniones:
- Evaluación: Un resumen conciso de los logros y progresos de la semana anterior.
- Motivación: Celebrar los logros del equipo e inspirar dedicación continua.

- Comunicación: Proporcionar una plataforma para compartir abiertamente el estado de cada proyecto.
- Conocimiento: Discutir los desafíos y obstáculos enfrentados por el grupo.
- Objetivos: Establecer hitos, fases u objetivos para los próximos días.
- Próximas tareas: Asignar responsabilidades definiendo claramente quién se encargará de qué y para cuándo.
- Próximas reuniones: Programar mini-reuniones de seguimiento necesarias para los próximos días.

Las reuniones semanales son la columna vertebral de cualquier equipo exitoso. Si seguimos la agenda acordada, mantenemos un límite de tiempo razonable y nos preparamos adecuadamente para las discusiones, estas reuniones pueden contribuir significativamente a nuestra productividad. Sin embargo, programar la reunión para el lunes a las 9:00 AM presenta dos desventajas importantes: en primer lugar, invade nuestro tiempo más productivo de la semana; en segundo lugar, suele llevar a una revisión superficial de la semana anterior debido al intervalo del fin de semana. Trasladar la reunión a los viernes a la 1:00 PM ha demostrado ser un ajuste altamente exitoso.

Para garantizar una reunión semanal productiva, considera las siguientes pautas:
- Duración: Limita la reunión a un máximo de 50 minutos.
- Frecuencia: Realiza una reunión por semana.
- Asistentes: Si es aplicable, considera dividir a los asistentes en grupos o mini-equipos, evitando la necesidad de que todo el departamento asista.

- **Preparación:** Motiva a los asistentes a acudir preparados con temas o puntos específicos a tratar.
- **Enfoque:** Enfatiza la importancia de compartir información, actualizaciones de estado y toma de decisiones, en lugar de debates extensos.

Profundicemos en los dos componentes clave de la reunión semanal: la evaluación de la semana y el proceso de planificación. El análisis y la formulación de preguntas son parte integral de la planificación y se originan a partir de la evaluación misma. Sin una comprensión clara de tu posición actual, se vuelve extremadamente difícil determinar el destino deseado, la distancia que necesitas cubrir, los ajustes requeridos o los pasos siguientes a seguir. La ausencia de evaluación durante la planificación semanal suele ser la causa de un bajo rendimiento, falta de coordinación, retrasos y obstáculos imprevistos.

Ágil, rápido y dinámico: El objetivo principal de la reunión de planificación es mirar hacia adelante, pero no sin antes echar una breve mirada atrás. Los eventos recientes contienen las claves para lo que está por venir. Realizar una rápida ronda de actualizaciones de los miembros del equipo proporciona una imagen precisa del progreso: tareas completadas, tareas no terminadas y tareas por abordar.

Destacando los progresos: Este es un momento oportuno para que el líder de la reunión reconozca y destaque los logros. Un simple gesto, como reconocer verbalmente un trabajo bien hecho o una fase completada con éxito, sirve para impulsar la motivación y la autoestima del equipo.

El trabajo no es solo racional; también implica emociones. Cuando las personas se sienten motivadas, emocionadas y estimuladas, realizan sus tareas con mayor rapidez y efectividad. Una mentalidad positiva es el combustible para enfrentar los desafíos diarios.

Inmediatamente después de la evaluación, es esencial pasar directamente a la planificación de la próxima semana sin perder tiempo. Evita dar instrucciones o pautas vagas o ambiguas. Enfócate principalmente en los siguientes aspectos:

- Establecer metas, hitos, fases u objetivos para la semana que comienza.
- Anunciar o recordar al equipo las fechas importantes próximas.
- Resaltar cualquier cambio o novedad que involucre a varios miembros del equipo.
- Acordar y asignar tareas de acción, asegurando que se aborden con prontitud.
- Alertar al equipo sobre posibles problemas o cuellos de botella en el trabajo en curso.
- Describir brevemente las áreas específicas de enfoque para cada miembro del equipo.

Para que la evaluación (primero) y la planificación (inmediatamente después) sean efectivas, es imprescindible que cada participante acuda preparado con sus contribuciones. Aunque el coordinador no necesite pedir explícitamente ni exigir preparación anticipada, esta se espera de manera implícita en este tipo de reuniones.

Ejercicio: Reunión semanal contigo mismo

Te presento un ejercicio creativo, pero altamente práctico y eficaz para impulsar tu productividad. Aunque trabajes solo, sin equipo ni colaboradores, podrías pensar que una reunión semanal es innecesaria. Sin embargo, sucede todo lo contrario.

Te animo a programar una reunión semanal contigo mismo a partir de este viernes. En esta reunión, te enfocarás en dos aspectos importantes: revisar la semana que termina y preparar la semana que comienza.

Naturalmente, esta reunión será más corta que las típicas reuniones de equipo, pero obtendrás numerosos beneficios de ella. Te proporcionará valiosa información, previsión y claridad de ideas para los días venideros.

6.5 Reuniones exprés: Encuentros eficientes y productivos

Cuando nos reunimos con nuestro equipo, nuestro objetivo es coordinar, compartir, discutir y, lo más importante, tomar decisiones y actuar.

Para cumplir estos objetivos de manera eficiente, nos basamos en reuniones exprés. Estas reuniones siguen un formato simple y ágil que minimiza las interrupciones en el tiempo de trabajo de los participantes.

Las reuniones exprés presentan las siguientes características:
- Involucran a un pequeño grupo de 3 o 4 personas.
- Se llevan a cabo de pie.
- Son breves, con una duración máxima de 10 minutos.
- Sirven para abordar de manera rápida cuestiones, proporcionar comentarios y tomar decisiones de inmediato.
- También funcionan como una plataforma para compartir los últimos cambios, avances, ajustes y asuntos emergentes.
- Se pueden programar para un momento específico del día que se haya determinado previamente, o pueden organizarse espontáneamente según sea necesario.

¿Por qué deberíamos adoptar este tipo de reunión?

Los beneficios que ofrecen superan con creces la mínima inversión de tiempo requerida: solo unos minutos cada día. Cuando se utilizan adecuadamente y con un enfoque claro, estas reuniones se convierten en una valiosa fuente de productividad colectiva.

Las reuniones exprés cumplen las siguientes funciones:
- Comunicación: Proporcionan actualizaciones sobre el estado de los proyectos.
- Informe: Los problemas pueden abordarse de manera eficiente con las partes responsables o los gerentes.
- Coordinación: Aseguran la armonización de esfuerzos y acciones.
- Colaboración: Fomentan la colaboración horizontal entre todo el equipo.
- Acuerdo: Facilitan la toma de decisiones ágil y rápida respecto a las acciones a seguir.
- Cohesión: Promueven la comunicación directa entre los miembros del equipo, fomentando un sentido de unidad.

Las reuniones exprés ofrecen una ventaja notable: la capacidad de eliminar numerosas interrupciones, como consultas, dudas, pedidos o verificaciones de estado sobre diversas tareas. Al agrupar y abordar estas cuestiones en reuniones exprés a lo largo del día, podemos experimentar algo increíble: más tiempo de calidad y una mayor colaboración y trabajo en equipo.

Imagina este escenario: incorporar dos reuniones exprés cada día con los responsables de las áreas principales del departamento. Una por la mañana y otra por la tarde. Visualiza al equipo de pie en un pequeño círculo, con sus cuadernos en mano. Durante un estricto periodo de 10 minutos (no más), participan en discusiones, asignan acciones rápidas y abordan consultas específicas. Estas reuniones ágiles, que respetan los calendarios, transforman para siempre la manera en que se coordinan y comunican.

Para garantizar el éxito de las reuniones exprés, hay coordenadas clave a considerar:

- Reuniones de pie: Las reuniones exprés deben llevarse a cabo de pie. Evitar sentarse promueve la incomodidad, lo que ayuda a mantener la brevedad y la eficiencia.
- Límite de tiempo: La duración de una reunión exprés nunca debe exceder los 10 minutos. Esta restricción fomenta discusiones centradas y concisas.
- Reuniones fijas y solicitadas: Se pueden programar múltiples reuniones fijas a lo largo del día, pero con un límite razonable. Además, las reuniones exprés pueden solicitarse cuando sea necesario. Por ejemplo, se podría proponer una reunión exprés diciendo: "Tengo varios asuntos que discutir contigo. ¿Tendríamos una reunión exprés?".
- Intervenciones rápidas y directas: En las reuniones exprés, las intervenciones deben ser rápidas, directas y al grano. Los participantes deben buscar la brevedad en sus aportaciones para mantener la eficiencia de la reunión.
- Preparación y claridad: Cada asistente debe acudir preparado con temas o puntos claros y bien definidos para la discusión. Los temas complejos o aquellos ya planificados para la reunión semanal deben excluirse de las reuniones exprés.

Cuándo tenerlas: Las reuniones exprés pueden programarse con antelación o solicitarse en el momento cuando sea necesario, sin interrumpir tareas o compromisos importantes.

- Número de reuniones: Comienza inicialmente con una reunión exprés al día y aumenta gradualmente a dos si es necesario. Mide los resultados y ajusta en consecuencia. Como sugerencia, considera realizarlas poco después de media mañana y por la tarde. Sin embargo, recuerda que los primeros momentos del día suelen ser los más productivos para todos. Por lo tanto, prioriza las tareas y minimiza las reuniones durante este tiempo.

- Número de asistentes: Las reuniones exprés deben limitarse idealmente a 2 a 4 personas. Mantener el grupo compacto y pequeño asegura una comunicación eficiente. Son especialmente beneficiosas para grupos colaborativos, pequeños equipos, miembros del mismo proyecto o individuos que necesitan comunicarse con su gerente.
- Temas para discutir: Las reuniones exprés no están destinadas para conversaciones generales o discusiones improvisadas. Están diseñadas específicamente para asignar próximas tareas, tomar decisiones sobre la marcha, confirmar acciones, revisar detalles, ratificar pasos, proporcionar actualizaciones sobre el estado del proyecto y comunicar cualquier dificultad o problema reciente. El enfoque está en la comunicación y toma de decisiones en tiempo real.
- Comunicación dentro de la reunión: En las reuniones exprés, todo debe suceder rápidamente. La participación, actitud y expresión de cada participante deben ser ágiles y dinámicas. El lenguaje y la sintaxis utilizados por los asistentes deben ser concisos, claros, directos y precisos. El gerente, en particular, debe fomentar un estilo de comunicación basado en la entrega de "titulares" en lugar de proporcionar actualizaciones extensas.
- Preparación anticipada: Para cumplir con la brevedad y el dinamismo esperados en estas reuniones exprés, es crucial que los participantes preparen a fondo sus temas. Deben tener una

comprensión clara de lo que quieren comunicar y lo que pueden omitir.

Ejercicio: Fomentar reuniones exprés

Recomiendo el siguiente ejercicio para mejorar tu productividad: comienza por crear una lista exhaustiva de personas con las que sería beneficioso tener estas reuniones exprés. Esto puede incluir a personas que trabajan junto a ti en tu espacio físico, así como a colaboradores externos o colegas con los que puedas conectarte de forma remota. Para identificar a estas personas de manera más efectiva, considera los siguientes factores:

Especificaciones para tener en cuenta:

- ¿Con quién trabajo más estrechamente?

- ¿De quién dependo más, o quién depende de mí?

- ¿Qué personas me interrumpen frecuentemente con preguntas o consultas (o viceversa)?

- ¿Quién genera la mayor actividad, cambios y decisiones urgentes a lo largo del día?

Una vez que hayas compilado esta lista, podrás proponerles la idea de estas reuniones exprés y comenzar a cosechar los beneficios que pueden ofrecer.

---

7. Controlar mensajes y mejora de la visión general

"La capacidad de simplificar significa eliminar lo innecesario para que lo necesario pueda hablar." - Hans Hofmann

¿Somos nosotros quienes dominamos nuestros mensajes o son los mensajes los que nos dominan a nosotros? Desde que llegamos, no hemos dejado de responder mensajes, y casi los tenemos a cero. Pero preguntémonos, ¿qué hemos logrado verdaderamente? ¿Dónde están nuestras tareas fundamentales para el día? ¿Dónde se encuentra nuestro trabajo central, nuestros proyectos y las cosas que realmente merecen nuestra atención? ¿Cuáles son nuestros objetivos para hoy y para esta semana? Los mensajes son un lugar donde a menudo confundimos la actividad con la productividad. Estar ocupados no significa necesariamente ser productivos, lograr resultados significativos o priorizar las tareas correctas.

¿Cómo podemos permitir que los mensajes dicten nuestro ritmo de trabajo o nuestra planificación diaria, a menos que nuestro trabajo gire en torno a responder mensajes? Nunca deberíamos dejar que nuestros mensajes entrantes controlen nuestra productividad. Cuando lo pensamos realmente, es bastante absurdo. Hemos transformado una herramienta, indudablemente útil, en el aspecto central de nuestro trabajo. Y ese es un error colosal.

Muchos profesionales creen que cuantos más mensajes respondan y más rápido lo hagan, más exitosos serán con sus proyectos. Pero preguntémonos, ¿es esto realmente lo más importante que podemos hacer hoy? ¿Es la verdadera esencia de nuestro trabajo? Es hora de recuperar el control de nuestros mensajes, y eso es precisamente lo que vamos a hacer ahora.

Los mensajes escritos son y seguirán siendo una herramienta crucial en nuestros proyectos. Sin embargo, trabajar con mensajes es algo que nadie nos ha enseñado, y es una de las áreas donde tendemos a cometer más errores y a desarrollar malos hábitos.

¿Hemos experimentado alguna vez alguno de estos escenarios? Una lista de mensajes sobrecargada que nos abruma, revisar compulsivamente nuestros mensajes, distraernos constantemente y perder tiempo, tener una estructura mal organizada que dificulta la priorización de los mensajes entrantes, y redactar mensajes que son confusos o ineficaces.

La consecuencia es que nuestros mensajes se han convertido en nuestro jefe de facto, uno de los mayores desafíos que enfrentan muchos profesionales.

Dominando una herramienta poderosa: Mensajes escritos

En este capítulo, nuestro objetivo es desarrollar las habilidades necesarias para utilizar eficazmente una de las herramientas más poderosas a nuestra disposición: los mensajes escritos. Al dominar el arte de la gestión de mensajes, mejoraremos nuestra productividad y optimizaremos nuestros procesos de comunicación.

Recuperando el control: Descubriremos y rectificaremos los errores más comunes que obstaculizan una gestión eficiente de los mensajes. Pasaremos por una serie de hábitos esenciales y mejores prácticas que nos empoderarán para recuperar el control sobre nuestra lista de mensajes.

Comunicación efectiva: Adquiriremos técnicas invaluables para mejorar nuestras habilidades de comunicación y redactar mensajes claros, concisos e impactantes. Aprenderemos los mejores trucos del oficio que garantizarán que nuestros mensajes no solo sean bien recibidos, sino que también inspiren la respuesta deseada.

Al final de este capítulo, habremos adquirido la experiencia necesaria para aprovechar al máximo el potencial de los mensajes, lo que nos permitirá optimizar nuestra productividad y fomentar una comunicación efectiva en nuestras actividades personales y profesionales.

7.1 Tomando control de nuestros mensajes: Gestión de la comunicación

La mensajería es un área de trabajo que alberga numerosos errores, idiosincrasias y malos hábitos. Nos hemos vuelto tan dependientes de ella, usándola de manera incesante, que hemos llegado a creer que no encierra ningún misterio.

La mensajería implica:
- Reglas.
- Mejores prácticas.
- Hábitos clave.

De hecho, no solo la mensajería, sino toda la tecnología, cuando se utiliza de forma habitual, se convierte en una herramienta extraordinaria para ayudarnos a alcanzar nuestros objetivos y metas.

Sin embargo, sin los hábitos adecuados, puede convertirse fácilmente en un obstáculo, alejándonos de lo que realmente buscamos.

Razones para mejorar nuestro uso de los mensajes:

- Indispensabilidad: Es una herramienta indispensable para nuestro trabajo y proyectos.
- Frecuencia: La utilizaremos incesantemente cada día durante los próximos años.
- Tiempo: Cuando se utiliza eficazmente, puede proporcionarnos tiempo adicional o consumirlo si no se domina.
- Energía: El uso inadecuado de los mensajes drena una cantidad significativa de energía que podríamos utilizar para asuntos más importantes.
- Planificación y objetivos: Nuestra relación con la mensajería influye en nuestro plan de trabajo diario y en nuestros objetivos.
- Estado de ánimo: Tiende a ser una fuente de estrés y ansiedad, algo de lo que debemos liberarnos.

Ahora, adentrémonos en el desarrollo de hábitos sólidos que conviertan los mensajes escritos en un activo valioso en nuestro proyecto profesional.

Hacer de los mensajes la segunda o tercera prioridad

Si comenzamos cada día leyendo nuestros mensajes, convirtiéndolo en la primera tarea, las consecuencias son múltiples y graves:

- Desperdiciamos el periodo de máxima productividad del día, dedicando nuestro tiempo y energía a algo que no constituye nuestro trabajo real.

- Atendemos solicitudes y micro-tareas que podrían haber esperado, comprometiendo así el importante plan de trabajo que habíamos formulado el día anterior.
- Comenzamos cada día en modo reactivo, limitándonos a ejecutar el trabajo asignado por otros, en lugar de tomar la iniciativa para decidir qué deseamos lograr, por dónde empezar y qué camino seguir.

Deberíamos posponer la revisión de nuestros mensajes hasta la segunda o tercera tarea del día. Los mensajes que han llegado a nuestra lista de mensajes pueden esperar una hora, y de esta forma, obtendremos una ventaja. Todos los días. Este hábito es una necesidad absoluta para un profesional.

Mantén la aplicación cerrada mientras trabajas

Ya sea que utilicemos una aplicación específica o gestionemos nuestros mensajes a través de nuestro entorno de trabajo, es lamentable dejarla disponible en segundo plano, a un solo clic de distancia. Esta práctica tiene varias consecuencias:
- Mirar constantemente los mensajes conduce a una mala multitarea, como ya sabemos.
- Los revisamos de forma impulsiva y compulsiva, cayendo en distracciones constantes que interrumpen nuestro flujo de trabajo y concentración.
- Fomentamos inadvertidamente que los demás respondan rápidamente, ya que saben que estamos revisando nuestros mensajes durante todo el día, convirtiendo esto, en última instancia, en un chat.

Deberíamos establecer momentos dedicados para procesar nuestros mensajes. Al hacerlo, resistiremos la tentación de mirarlos de reojo y no interrumpirán nuestras tareas importantes. Por ejemplo, podemos programar tres momentos para leer nuestros mensajes por la mañana: al inicio del día, después de completar las tareas clave, a media mañana y poco antes del almuerzo. Por la tarde, asignemos solo un espacio de tiempo, preferiblemente en el centro de la tarde. Tenemos la flexibilidad para determinar la frecuencia, pero debemos tener en cuenta que a menudo nos engañamos pensando que necesitamos revisar nuestros mensajes con más frecuencia de la necesaria.

Desactivar las notificaciones de mensajes

Deberíamos desactivar las notificaciones de mensajes. La función de notificación de mensajes es, sin duda, una de las contribuciones más perjudiciales para la humanidad. Desactivemos las alertas y notificaciones (incluso en nuestro dispositivo). Accedamos a la configuración o preferencias de la aplicación y desactivémoslas. Inmediatamente nos sentiremos aliviados. No te preocupes por perder un mensaje. Como acabamos de discutir, ya tenemos momentos dedicados por la mañana y por la tarde para abrir y procesar todos nuestros mensajes. Incluso si llega un nuevo mensaje ahora, lo veremos más tarde. No se perderá.

Reducir el número de destinatarios

Cuando incluimos numerosos destinatarios en nuestros mensajes, a menudo pasamos por alto varias consecuencias:
- El mensaje carece de un "responsable" claro, lo que hace que no esté claro quién debe hacerse cargo de cada tarea.

- Pueden surgir descoordinaciones y malentendidos, especialmente si nuestro mensaje carece de claridad y especificidad.
- El volumen general de mensajes diarios aumenta para todos, generando más ruido dentro de nuestro equipo o empresa.

Dejemos inicialmente los campos de destinatarios vacíos y los rellenamos al final, después de haber escrito el mensaje y el asunto. Antes de agregar destinatarios, preguntémonos: "¿Quién necesita realmente recibir este mensaje en función de lo que estamos pidiendo o comunicando?" Y consideremos si incluir a otras personas es necesario para el propósito previsto y la comunicación efectiva.

Evitar acumular tareas en la lista de mensajes

Si bien la mensajería es un excelente medio para recibir nuevas tareas y asignaciones, no es el lugar ideal para gestionarlas todas. Deberíamos considerar la lista de mensajes como una mera ventana para la recepción de mensajes. Confiar en ella para hacer un seguimiento de todo lo que necesitamos hacer presenta una multitud de problemas. Aquí hay tres significativos:

- Distracción constante: Mantener nuestra lista de mensajes abierta durante todo el día nos obliga a dividir nuestra atención entre los mensajes entrantes y nuestras tareas en curso, lo que lleva a una disminución del enfoque y la productividad.
- Funcionalidad limitada: La lista de mensajes carece de las capacidades necesarias para una gestión eficaz de tareas. No podemos crear nuevas tareas ni modificar mensajes existentes a menos que los reenviemos a nosotros mismos, lo cual está lejos de ser una solución eficiente.

- **Espacio de trabajo desordenado:** Al usar nuestra lista de mensajes como un repositorio para tareas y recordatorios, los mezclamos con varios tipos de mensajes, incluidos spam y basura. Este enfoque desorganizado obstaculiza la eficiencia y dificulta la localización de información importante.

Para superar estos desafíos, deberíamos adoptar una herramienta de gestión de tareas dedicada. Ya sea un cuaderno físico, una agenda de papel tradicional o una aplicación diseñada para este fin (muchas de las cuales son excelentes e incluso gratuitas), debemos encontrar una solución que funcione mejor para nosotros. Cuando recibamos una tarea, recordatorio o asignación en un mensaje, debemos anotarla de inmediato en nuestra herramienta de gestión de tareas elegida.

Nunca confiar en los mensajes para asuntos urgentes

Imaginemos que hay un incendio en nuestra casa; ¿enviaríamos un mensaje a los bomberos? No, es imperativo utilizar canales de comunicación apropiados para asuntos urgentes. Desafortunadamente, muchos profesionales y equipos utilizan mensajes escritos para situaciones urgentes, lo que nos obliga a mantenernos alertas y a monitorear constantemente nuestra lista de mensajes "por si acaso". Los asuntos que pueden esperar deben comunicarse a través de mensajes, mientras que las urgencias requieren una acción rápida a través de llamadas o interacciones cara a cara.

Debemos reconocer que un mensaje escrito no es un canal adecuado para la comunicación urgente. Debemos establecer acuerdos con nuestros colegas y colaboradores para utilizar llamadas o discusiones en persona para asuntos sensibles al tiempo. Debemos definir claramente qué mensajes deben y no deben utilizarse, asegurándonos de que todos estemos en la misma página respecto a su propósito y limitaciones. Esto va más allá de las urgencias y se aplica también a otros asuntos no urgentes.

Tomar decisiones rápidas para cada mensaje

Uno de los hábitos perjudiciales más comunes en lo que respecta a la mensajería es permitir que los mensajes se acumulen en nuestra lista. A menudo abrimos un mensaje, lo leemos rápidamente y luego lo marcamos como no leído con la intención de volver a revisarlo más tarde. Sin embargo, este enfoque puede ser una trampa significativa. En unas pocas horas, y ciertamente para mañana, ese mensaje estará enterrado bajo un montón de 20 mensajes más nuevos que requieren más de nuestra atención. Como resultado, si no hemos tomado ninguna acción sobre el mensaje inicial, podríamos perdernos detalles importantes.

Para contrarrestar esto, es crucial que desarrollemos el hábito de tomar decisiones de manera inmediata sobre cada mensaje que abrimos y leemos.

Recordemos este mantra: "leer, decidir y actuar". Debemos evitar que los mensajes se acumulen en nuestra lista de mensajes. Aquí hay una forma efectiva de implementar este enfoque:
- Para micro-tareas que llevan menos de un minuto, abordémoslas de inmediato.
- Si una tarea requiere más tiempo o debe hacerse en una etapa posterior, debemos agregarla a nuestra lista de tareas.

- Si recibimos un mensaje extenso o uno que requiere una respuesta reflexiva, debemos añadirlo como una tarea en nuestra lista.
- En caso de que un mensaje requiera aclaración, pero carezca de información suficiente, respondamos de inmediato solicitando aclaraciones.

Almacenar información importante en otros lugares

Cuando recibimos información y archivos cruciales a través de mensajes que son necesarios para nuestro trabajo, como proyectos, propuestas, presupuestos, catálogos, contratos y más, sirve como un medio conveniente para recibirlos. Sin embargo, no es el lugar ideal para almacenar y gestionar dicha información y documentos. En el entorno de mensajería, estamos limitados en nuestra capacidad de reorganizar, modificar, agregar o adjuntar nuevos elementos a documentos existentes. Además, la información valiosa a menudo se mezcla con mensajes irrelevantes, lo que dificulta la búsqueda y la clarificación de las cosas de manera efectiva.

Siempre que recibamos información relevante y adjuntos que anticipamos utilizar en el futuro, es aconsejable extraerlos de nuestros mensajes y almacenarlos en un lugar más adecuado donde mantengamos el resto de la información relacionada con ese proyecto o cliente específico.

Al eliminar información útil e importante de nuestros mensajes y organizarla en otro lugar, podemos lograr dos beneficios significativos:
- Podemos centralizar y consolidar nuestra información, lo que lleva a una mayor eficiencia y agilidad.

- Podemos gastar menos tiempo buscando en nuestros mensajes cosas que nos fueron enviadas en algún momento.

Utilizar filtros y reglas inteligentes

Gestionar nuestros mensajes de manera efectiva se reduce, en última instancia, a gestionar nuestra atención: ¿por dónde deberíamos comenzar a leer al abrir nuestra lista de mensajes? ¿Qué mensajes deben tener prioridad y cuáles pueden esperar? ¿Hay algunos que podemos incluso posponer hasta mañana o hasta el final de la semana? Muchas personas tienden a decir: "Lo resolveré una vez que abra cada mensaje".

Sin embargo, si leemos nuestros mensajes de manera lineal, siguiendo el orden cronológico de llegada (de arriba hacia abajo o de abajo hacia arriba), ocurrirán dos resultados indeseables:
- Terminaremos leyendo y atendiendo mensajes que podrían haber esperado.
- Retrasaremos involuntariamente la atención a mensajes que requieren nuestra atención inmediata.

Dejemos que la función de búsqueda, los filtros y las reglas en nuestra aplicación de mensajes se encarguen de priorizar los mensajes que recibimos. Esta valiosa característica está presente en la mayoría de las aplicaciones de mensajería, organizando automáticamente nuestros mensajes entrantes según los criterios que definamos, sin requerir ningún esfuerzo adicional de nuestra parte.

Este proceso de clasificación, basado en nuestros criterios predefinidos, nos empodera para priorizar mensajes sin siquiera abrirlos, según el remitente y el contenido del mensaje. Además, podemos filtrar los mensajes menos importantes, minimizando el ruido. La diferencia entre trabajar con filtros inteligentes y no utilizarlos es verdaderamente significativa.

Ejercicio: Practica uno de estos hábitos

Con el fin de ayudarnos a iniciar nuestro camino hacia la productividad, te invito a implementar dos hábitos poderosos, comenzando mañana por la mañana.

Iniciemos nuestra jornada laboral sin abrir nuestros mensajes. A lo largo del día, mantengamos nuestros mensajes cerrados mientras nos concentramos en otras tareas.

No solo recomiendo probar esto durante un único día como un mero experimento; más bien, te animo a adoptar esta práctica de manera indefinida.

Aquí tienes algunas directrices a seguir:

- Comencemos el día sin revisar nuestros mensajes.

- Seleccionemos una tarea clave que queramos abordar primero por la mañana y asegurémonos de contar con todos los recursos necesarios para completarla.

- Determinemos cuándo abriremos nuestros mensajes; ¿será la segunda o la tercera tarea del día?

Mantengamos nuestros mensajes cerrados durante todo el día. Podemos decidir momentos específicos para abrir y atender nuestros mensajes. Por ejemplo, podríamos programar tres sesiones dedicadas a los mensajes por la mañana y dos por la tarde. Marquemos claramente estos intervalos de tiempo designados.

7.2 Redactar mejores mensajes: Comunicación clara y efectiva

¿Cuántos mensajes redactamos cada día, cada mes, cada año?

¿Somos claros, concisos y eficientes en nuestra comunicación?

¿Coordinamos efectivamente con los demás a través de los mensajes?

¿Lo hacemos de manera ágil y eficiente para minimizar el desperdicio de tiempo?

Saber redactar mensajes efectivos es una tarea que nadie nos ha enseñado explícitamente, pero la repetimos miles de veces al año. Sin embargo, muchos de nosotros aún lo percibimos como simplemente rellenar una ventana en blanco.

Dominar el arte de la comunicación escrita es una habilidad que requiere desarrollo deliberado e inversión para mejorar. Como profesionales, nuestro éxito a menudo depende de la calidad de nuestros mensajes escritos. La mensajería sigue siendo el canal principal para ordenar, comunicar, coordinar y colaborar con los demás.

Al cultivar hábitos sólidos y emplear buenas prácticas de redacción, podemos lograr lo siguiente:
- Reducir la cantidad de mensajes entrantes: Los mensajes bien redactados minimizan la necesidad de explicaciones o aclaraciones posteriores.
- Prevenir malentendidos: Muchos conflictos surgen de mensajes mal construidos.

- Ahorrar tiempo: Redactar mensajes se convierte en un proceso más eficiente, minimizando el tiempo invertido.
- Facilitar el trabajo de los demás: Al proporcionar instrucciones claras sobre las tareas o compartir información con detalles específicos.
- Proyectar una imagen profesional: Transmitir profesionalidad y atención al detalle a clientes y empresas.

Cada día es una oportunidad para redactar mensajes impactantes, no solo de vez en cuando.

Antes de redactar el mensaje: Tomemos diez segundos para reflexionar sobre el contenido de nuestro mensaje y plantearnos las siguientes preguntas:
- ¿Cuál es el punto o la idea principal que necesitamos transmitir?
- ¿Qué estamos pidiendo o comunicando?

Al redactar: Establezcamos un límite de caracteres. Con una mente clara y palabras bien elegidas, la mayoría de los mensajes pueden redactarse en uno o, como máximo, dos párrafos.

Evitamos rodeos e introducciones: Si estamos asignando una tarea, evitemos rodeos e introducciones innecesarias. En la primera línea, proporcionemos las dos coordenadas esenciales de cualquier tarea:
- Qué se necesita hacer
- Cuándo se necesita hacer

Podemos seguir con instrucciones o información adicional, si es necesario.

Enfatizando plazos: Al comunicar plazos y horarios, destaquemos esta información, ya que es crucial. Podemos utilizar negritas, subrayados o mayúsculas para asegurar su claridad.

Estructurando nuestro mensaje: En lugar de escribir el nombre del destinatario, el asunto y luego el mensaje, invirtamos el orden. Comenzaremos con el cuerpo del mensaje, expresando lo que queremos transmitir. Luego, lo resumiremos con un titular conciso (asunto) y finalizaremos con el nombre del destinatario.

Elaborando un asunto claro: Redactemos un asunto que comunique la esencia de nuestro mensaje sin requerir que el destinatario lo abra. Podemos seguir esta fórmula infalible, que consiste en dos partes separadas por un guion: Lo que queremos - De qué se trata.

Organizando la información en listas: Si nuestro mensaje contiene múltiples puntos o información extensa, presentémoslos en formato de lista utilizando viñetas, guiones o guiones medios en lugar de párrafos. Esto ayudará al destinatario a centrarse en las ideas clave del mensaje. Por ejemplo, podemos usar tres guiones para separar tres ideas. Si necesitamos comentar sobre temas no relacionados, enviemos mensajes separados para cada uno. Aunque esto pueda resultar en múltiples mensajes, nos permitirá proporcionar a cada tema su propio asunto y utilizar el lenguaje y el enfoque más apropiados para una comunicación efectiva.

Utilizando plantillas para respuestas: Aprovechemos las plantillas disponibles en las aplicaciones de mensajería. Nos permiten tener textos o respuestas pre-diseñadas, ahorrándonos la tarea de escribir repetitivamente.

Evitando preguntas abiertas: Al preguntar o proponer algo a través de un mensaje, evitemos preguntas abiertas que pueden dar lugar a múltiples intercambios de mensajes. En su lugar, proporcionemos opciones o sugerencias específicas para obtener una respuesta directa en una única contestación, ahorrando tiempo para ambas partes.

Ejercicio: Revisando tus mensajes

Te recomiendo que abras tu aplicación de mensajería y consultes los últimos cinco mensajes que has redactado a alguien y los cinco que has recibido de otros. Examinemos detenidamente y consideremos los siguientes aspectos juntos:

- Claridad del asunto: ¿Son claras e informativas las líneas de asunto? ¿Se adhieren a la directriz "Lo que queremos - De qué se trata"?

- Directitud y concisión: ¿Son nuestros mensajes directos y al grano? Identifiquemos dónde se encuentra la información más importante dentro del texto.

- Concreción y especificidad: ¿Nuestros mensajes comunican claramente lo que se necesita hacer? ¿Es evidente qué acción o respuesta se espera?

- Presentación del contenido: Evaluemos cómo se presenta el contenido. ¿Está bien estructurado con la información claramente transmitida?

---

8. Conclusión: Adoptando una productividad con propósito

A lo largo de este libro, hemos recorrido el viaje de la productividad, proporcionándonos los hábitos esenciales, recursos y metodologías necesarios para tomar el control de nuestro trabajo y convertirnos en profesionales más eficientes. Al trabajar de manera inteligente y reducir el estrés, podemos alcanzar nuestras metas y prioridades con menos esfuerzo. Hemos enfatizado la importancia de la gestión personal, subrayando cómo la multitarea, las distracciones y las interrupciones obstaculizan nuestra productividad. Para combatir esto, nos hemos dotado de la capacidad de concentrarnos, estar presentes en el momento y manejar eficazmente los imprevistos y las falsas urgencias que interrumpen nuestros planes.

La colaboración y las reuniones también han sido exploradas ampliamente, lo que nos permite evitar errores comunes y dominar el arte de las reuniones eficientes. En particular, hemos destacado la importancia de la reunión semanal para revisar y planificar, así como la efectividad de las reuniones rápidas. Además, hemos abordado los desafíos de la gestión de mensajes, proporcionándote estrategias para recuperar el control sobre tu lista de mensajes y redactar mensajes claros y efectivos.

Nuestro objetivo final ha sido ayudarte a construir tu sistema operativo personal, empoderándote para dirigir tanto a ti mismo como a tu proyecto profesional, y es nuestra responsabilidad gestionarlo eficazmente en cada segundo de cada día.

Ahora, al concluir este viaje de productividad personal, nos enfocamos en tres ideas clave que pueden encender nuestra revolución personal. En primer lugar, alineemos nuestro día con nuestras prioridades y objetivos.

Identifiquemos lo que realmente importa y aseguremos que nuestra lista de tareas y nuestro calendario reflejen estas prioridades. Eliminen o reduzcan cualquier cosa que nos distraiga de nuestro camino. Preguntémonos continuamente qué podemos hacer cada día para avanzar en nuestras prioridades, y antes de dormir, reflexionemos sobre lo que hemos logrado.

En segundo lugar, empecemos cada día enfocándonos en el núcleo de nuestro trabajo, dedicándonos a tareas impactantes que generen resultados máximos. Implementemos los super hábitos que hemos adquirido, como leer mensajes como una tarea secundaria o terciaria y planificar el trabajo del día siguiente con antelación. Al visualizar el final de cada día, ganamos claridad y la capacidad de traducir objetivos en tareas concretas.

Por último, cultivemos y mejoremos nuestra atención. Fomentemos la capacidad de concentrarnos como profesionales, dedicando tiempo de calidad a las tareas sin distracciones ni interrupciones. Al entrenar nuestra atención y practicar constantemente los hábitos y métodos que hemos aprendido, desbloquearemos todo nuestro potencial, permitiendo que nuestra intensidad y creatividad florezcan.

Además de los conceptos explorados en este libro, es importante enfatizar el poder transformador de la atención plena (mindfulness). Enraizarnos en el momento presente y desarrollar la conciencia puede mejorar significativamente nuestro enfoque, la gestión del estrés y la toma de decisiones, llevando a un estilo de vida más satisfactorio y productivo.

La gratitud es otro aspecto esencial de la transformación personal. Al cultivar conscientemente la gratitud, invitamos a una mentalidad positiva a nuestras vidas, apreciando las bendiciones y la abundancia que nos rodean. Practicar el diario de gratitud, expresar aprecio a los demás, o simplemente reflexionar sobre lo que agradecemos cada día puede fomentar la satisfacción y abrir puertas al crecimiento y la alegría.

Por último, construir resiliencia a través de afirmaciones positivas es crucial para navegar por los desafíos y contratiempos a lo largo de nuestro viaje transformador. Al elegir y repetir afirmaciones que se alineen con nuestras metas y valores, podemos reprogramar nuestra mente subconsciente, aumentar la autoestima y desarrollar una actitud resiliente. Abracemos afirmaciones que nos empoderen para superar obstáculos y ver el cambio como una oportunidad para crecer.

Recuerda, la transformación personal es un proceso gradual. Abraza cada concepto con dedicación y permite que el tiempo te ayude a incorporar plenamente sus principios. Al integrar la atención plena, la gratitud y la resiliencia a través de afirmaciones positivas en nuestra práctica diaria, establecemos una base sólida para el crecimiento personal, una profunda realización y la materialización de nuestro verdadero potencial.

¡Únete a nuestra comunidad de gestión del tiempo y productividad en Facebook y LinkedIn! Conéctate con lectores afines, comparte consejos y mejora tu productividad. Escanea el código QR para unirte a la conversación hoy mismo.

Enlace: www.1ib.net/hacer-lo-que-importa/

9. Sobre el autor

Como profesional, siempre he estado impulsado por la emoción del desarrollo de negocios internacionales. A lo largo de mi carrera como empleado, descubrí mi propósito en conectar culturas y crear oportunidades mutuamente beneficiosas para las empresas que buscan expandirse en nuevos mercados.

Sin embargo, había una chispa profesional que ardía dentro de mí, y visualizaba utilizar mis habilidades para empoderar a emprendedores y mejorar la vida de las personas. Al adoptar el camino del emprendimiento, aprendí rápidamente que el éxito no llega sin su parte de desafíos. Desde asegurar financiación hasta liderar equipos diversos en múltiples mercados, enfrenté numerosos obstáculos. No obstante, estas dificultades me proporcionaron un conocimiento y una experiencia invaluables, convirtiéndome en un empresario resiliente y en un individuo fortalecido.

Hoy, me dedico a compartir mi experiencia y a empoderar a profesionales aspirantes que están comenzando sus propios viajes emprendedores. Al guiarlos en el crecimiento de sus proyectos, creo que puedo tener un impacto profundo.

Ya sea que estés a punto de lanzar tu propio negocio o enfrentando obstáculos en tu camino emprendedor, recuerda que no estás solo. Con una determinación inquebrantable, un compromiso firme y un deseo de aprendizaje constante, podemos superar cualquier desafío y alcanzar el éxito notable que imaginamos.

Mantente en contacto: Mario Schäfer
- LinkedIn: linkedin.com/in/mariomschaefer
- Instagram: instagram.com/mario.m.schaefer

Si este libro te ha empoderado para recuperar tu tiempo y potenciar tu productividad, comparte tu historia de éxito en las redes sociales. Etiquétame en tu publicación y, juntos, difundamos el mensaje para inspirar a más personas. Al amplificar nuestras experiencias, podemos crear un impacto positivo. Imagina el efecto multiplicador de ayudar a otros a desbloquear su verdadero potencial y alcanzar sus objetivos. Construyamos una comunidad de individuos motivados, unidos por un impulso común hacia la excelencia. Tu voz es importante, así que compartamos, inspiremos y hagamos la diferencia juntos.

10. Fuentes

Organizar y tomar el control

- The One Thing: The Surprisingly Simple Truth Behind Extraordinary Results – Gary Keller.
- Getting Things Done: The Art of Stress-Free Productivity – David Allen.
- 10 Natural Laws of Successful Time and Life Management – Hyrum W. Smith.
- An Experimental Study of Team Size and Performance on a Complex Task - PLOS.
- The impact of healthy workplaces on employee satisfaction, productivity and costs - Journal of Corporate Real Estate.
- Management Practices, Workforce Selection and Productivity - NBER.

Optimizar y ganar tiempo

- The 7 Habits of Highly Effective People - Stephen Covey
- Atomic Habits - James Clear
- The Power of Habit - Charles Duhigg
- A Guide to Setting Better Boundaries - Harvard Business Review.
- The Power of Saying No - Psychology Today.
- Set Better Boundaries - Harvard Business Review.

Enfocar y ganar atención

- Deep Work: Rules for Focused Success in a Distracted World - Cal Newport
- Focus: The Hidden Driver of Excellence - Daniel Goleman
- Getting Things Done: The Art of Stress-Free Productivity - David Allen
- Your attention didn't collapse. It was stolen - The Guardian.
- No one knows what attention is - Attention, Perception, & Psychophysics.

Manejar urgencias y reducir el estrés

- The 7 Habits of Highly Effective People - Stephen R. Covey
- Getting Things Done: The Art of Stress-Free Productivity - David Allen
- Deep Work: Rules for Focused Success in a Distracted World - Cal Newport
- Stress management interventions: Improving subjective psychological well-being in the workplace - Journal of Psychological Health in the Workplace
- Handling Stress: A Qualitative Study of Coping Strategies Used by Medical Students - BMC Medical Education
- Psychological Resilience: A Review and Critique of Definitions, Concepts, and Theory - European Psychologist

Gestionar reuniones y aumentar la eficiencia
- Death by Meeting: A Leadership Fable. About Solving the Most Painful Problem in Business - Patrick Lencioni
- The Effective Executive: The Definitive Guide to Getting the Right Things Done - Peter F. Drucker
- Running Meetings: Expert Solutions to Everyday Challenges - Harvard Business Review
- Dear Manager, You're Holding Too Many Meetings - Harvard Business Review

Controlar mensajes y mejora de la visión general
- The Email Warrior: How to Win at Work with Better Email Communication - Susan Smith
- Taking Control of Your Inbox: Strategies for Managing Email Communication - John Anderson
- The Power of Communication: Enhance Your Message and Engage Your Audience - Helene Williams
- Writing Effective Emails: Tips for Clear and Concise Communication - Laura Stevens